Table des Matières

Aïcha NIKIEMA

Droits des femmes face aux stéréotypes

Quelle effectivité au Burkina Faso ?

RECONNAISSANCE

Ma reconnaissance au Professeur des Universités, Éric MONDIELLI, pour la supervision et l'intérêt qu'il a manifesté pour mon travail académique y relatif.

Mes remerciements à la Chargée de programme genre et droits humains de l'UNFPA/Burkina Faso, Madame Edith OUEDRAOGO, pour les orientations, et enfin au Chef de service, suivi des engagements en faveur de la femme, du ministère de la Femme, de l'Action Sociale, de la Solidarité Nationale et des Actions Humanitaires, Monsieur Bernard W. NACOULMA, pour la mise à ma disposition de ressources documentaires.

LISTE DES SIGLES ET ABREVIATIONS

Art. : Article

CCG : Cadre de concertation en matière de genre

CEDEAO : Communauté économique des États de l'Afrique de l'Ouest

CEDEF : Convention sur l'élimination de toutes les formes de discriminations à l'égard des femmes.

Cf. : Confère

CNLPE : Conseil national de lutte contre la pratique de l'excision

CONALDIS : Commission nationale de lutte contre les discriminations

CONAP/G : Conseil national pour la promotion du genre

CP : Code pénal

CPF : Code des personnes et de la Famille

CSLP : Cadre stratégique de lutte contre la pauvreté

EDS : Enquête démographique et de santé

FCG : Fonds commun genre

GASCODE : Groupe d'appui en santé, communication et développement

GED : Genre et développement

GTZ : Agence allemande de coopération au développement

OMS : Organisation mondiale de la santé

ONG : Organisation non gouvernementale

ONU : Organisation des Nations unies

PNDES-II : Deuxième Plan National pour le Développement Économique et Social

PNUD : Programme des Nations unies pour le développement

PTF : Partenaires techniques et financiers

RECIF/ONG : Réseau de communication et d'information des femmes dans les ONG

SNG : Stratégie Nationale Genre

UNFPA : Fonds des Nations unies pour le développement

UNICEF : Fonds des Nations unies pour l'enfance

UNIFEM : Fonds des Nations unies pour la femme

« L'égalité des sexes est plus qu'un objectif en soi. C'est une condition préalable pour relever le défi de la réduction de la pauvreté, de la promotion du développement durable et de la bonne gouvernance. »

(Kofi ANNAN)

INTRODUCTION

Selon le rapport 2023 du Forum économique mondial sur le genre, le Burkina Faso se classe au 132e rang sur 156 pays en termes d'égalité entre les hommes et les femmes. Ce classement révèle les nombreux défis que le pays doit relever pour promouvoir les droits des femmes et lutter contre les stéréotypes de sexe qui entravent leur épanouissement.

L'étude de l'effectivité des droits des femmes face aux stéréotypes de sexe requiert, au préalable, que la notion de droits des femmes ainsi que celle de stéréotypes de sexe soient cernées.

Faisant partie intégrante des droits fondamentaux, les droits des femmes constituent des droits de l'homme. Ils ne se conçoivent donc pas par opposition aux droits de l'homme qui se rapportent plutôt à l'être humain. Les droits des femmes viennent compléter, préciser, par leurs spécificités, le dispositif existant. En tant que droits fondamentaux, les droits des femmes sont universels et inaliénables. Ils ont vocation à s'appliquer quel que soit le droit positif en vigueur ou les facteurs locaux. Reconnus à toute personne de sexe féminin, ces droits sont essentiellement construits autour du principe d'égalité entre les hommes et les femmes et du principe de non-discrimination fondée sur le sexe. S'agissant de la notion de stéréotype, en psychologie sociale, elle est définie comme une « *idée, une opinion toute faite, acceptée sans réflexion et répétée sans avoir été soumise à un examen critique, par une personne ou un groupe de personnes, et qui détermine, à un degré plus ou moins élevé, ses manières de penser, de sentir et d'agir.* »[1]. Les stéréotypes ont toujours existé dans les rapports sociaux. À leur avantage, ils constituent un raccourci qui nous permet de représenter le monde tout en nous dispensant d'une réflexion ou d'une analyse approfondie. Toutefois, ils présentent l'inconvénient de nous jeter dans les clichés, les préjugés, sources de multiples discriminations. Quant à la notion de sexe, elle représente un attribut naturel et biologique que possèdent les hommes et les femmes et qui implique des différences physiologiques. Cette notion ne s'assimile pas à celle de genre qui, n'ayant rien de naturel, fait référence à la construction sociale liée à la différence de sexe. L'utilité de la distinction entre le sexe et le genre est qu'elle laisse entrevoir que la position de la femme dans la société n'est pas innée, mais qu'elle est juste la résultante d'une construction sociale. C'est en cela que Simone de Beauvoir précisait dans le Deuxième Sexe (1949) : « *On ne naît pas femme, on le devient* » [2]. La notion de sexe n'est pas à assimiler à celle de genre qui, au fil des années, a évolué de sorte que de nos jours et suivant le contexte, elle peut inclure à la fois les deux genres ou se rapporter à la femme ou simplement être assimilée au féminisme. De ce fait, pour éviter toute ambigüité, il sera utilisé uniquement la notion de *"stéréotype de sexe"* qui renvoie aux idées préconçues qui assignent à chacun, uniquement sur la base de la différence de sexe, des rôles déterminés.

Les stéréotypes de sexe sont à la fois produits et producteurs d'attitudes, valeurs, normes et préjugés ancrés dans la société. Ils sont utilisés pour justifier et maintenir la domination historique des hommes sur les femmes ainsi que les comportements sexistes entravant l'épanouissement des femmes. C'est pourquoi, éliminer les stéréotypes de sexe, en vue de parvenir à l'égalité femmes-hommes et à la non-discrimination, constitue l'un des objectifs résultant de nombreux instruments juridiques internationaux et régionaux. La Convention sur l'élimination de toutes les formes de discrimination à l'égard des femmes, adoptée en 1979 (CEDEF) prévoit à son article 5 a) que « *les États parties prennent toutes les mesures appropriées pour modifier les schémas et modèles de comportements socio-cultures de l'homme et de la femme en vue de parvenir à l'élimination des préjugés et des pratiques coutumières, ou de tout autre type, qui sont fondés sur l'idée de l'infériorité ou de la supériorité de l'un ou de l'autre sexe ou d'un rôle stéréotypé des hommes et des femmes* » et à son article 10 c), elle invite les États à «

l'élimination de toute conception stéréotypée des rôles de l'homme et de la femme à tous les niveaux... ».

Déjà, il convient de rappeler que le concept d'égalité tel que consacré par les instruments juridiques internationaux a évolué avec le temps. Il a d'abord été conçu suivant la méthode aristotélicienne[3] qui préconise le traitement identique. Selon cette méthode, les personnes dans des situations identiques doivent être traitées de façon identique. L'instauration de celle-ci a permis aux femmes d'avoir les mêmes droits que les hommes, notamment le droit de vote, le droit à l'éducation, au travail, etc. Suivant cette logique, plusieurs pays du monde, dont le Burkina Faso, ont reconnu des droits aux femmes dans leur législation. Cela, en employant le plus souvent dans la prévision des droits, des groupes de mots neutres tels que : « *tous les...* », « *chacun...* ». Cependant, avec le temps, ce modèle du traitement identique s'est révélé insuffisant, incapable de répondre aux besoins spécifiques des femmes. Pour pallier les insuffisances liées à cette égalité formelle, symétrique, il a été développé l'approche de l'égalité substantive qui requiert que soient analysées les conséquences indirectes des décisions, des politiques, des mesures, des lois pour en découvrir les effets néfastes sur les femmes. Cette seconde approche prend en considération le contexte social, économique, culturel et politique. Elle a été consacrée en droit interne dans de nombreux pays dont le Canada à travers la mise en place de balises constitutionnelles en matière d'égalité[4]. Elle a aussi été reconnue par l'instrument juridique international le plus spécifique aux droits des femmes, à savoir la CEDEF, notamment en ses articles 1, 2, 3, 4. A titre d'illustration, son article 1er dispose qu': « *aux fins de la présente Convention, l'expression « discrimination à l'égard des femmes » vise toute distinction, exclusion ou restriction fondée sur le sexe qui a pour but de compromettre ou de détruire la reconnaissance, la jouissance ou l'exercice par les femmes, quel que soit leur état matrimonial, sur la base de l'égalité de l'homme et de la femme, des droits de l'homme et des libertés fondamentales dans les domaines politique, économique, social, culturel et civil ou dans tout autre domaine.* ». Ainsi, dans certaines circonstances, des normes différentes doivent être prises en faveur des femmes en vue de l'atteinte de l'égalité réelle. C'est pourquoi des mesures provisoires, telles que les programmes de discrimination positive, ont été proposées pour satisfaire à cette exigence. Il en est de même des lois qui visent à garantir le recrutement des femmes dans des secteurs traditionnellement réservés aux hommes[5].

Pour analyser l'effectivité des droits des femmes face aux stéréotypes de sexe, il est nécessaire de s'intéresser à un pays qui présente des caractéristiques particulières en la matière. Le Burkina Faso, nous semble-t-il, est un pays qui offre un terrain d'étude pertinent pour cette problématique.

En effet, ce pays enclavé situé au cœur de l'Afrique de l'Ouest, a une superficie de 274 000 km^2. Sur le plan administratif, il compte 13 régions, 45 provinces, 351 communes et plus de 8000 villages. Sur le plan démographique, il se caractérise par une population en pleine croissance et à majorité féminine. Le dernier recensement général de la population et de l'habitation (RGPH 2019) estimait le taux d'accroissement moyen annuel de la population à 2,94 %, soit l'un des plus élevés de la sous-région. Avec un rapport de masculinité de 93,4 hommes pour 100 femmes, sa population résidente totale était de 20 505 155 habitants en 2019, dont 77,9% avait moins de trente-cinq ans. Il s'agit par ailleurs d'une population essentiellement rurale dont le taux d'urbanisation était de 26,1%[6]. Sur le plan économique, il faut souligner que le pays a un très faible niveau de développement humain. Il figure parmi les pays les moins avancés. Selon le classement mondial des pays par indice de développement humain (IDH) 2021-2022 du Programme des Nations Unies pour le Développement (PNUD), le Burkina Faso occupe la 184e place sur 191 pays. La pauvreté est plus marquée en milieu rural[7] et présente un visage féminin[8]. De façon globale, les femmes en sont plus exposées du fait de leur faible accès et contrôle des facteurs de production. Cette réalité révèle une facette de la condition féminine au Burkina Faso.

À ce propos, l'histoire du Burkina Faso nous renseigne davantage. Elle nous révèle que, dans la société traditionnelle, la femme ne se présentait que comme un élément de la famille. Ainsi, elle n'avait pas d'existence en dehors de celle-ci. Donnée en mariage, elle devenait un élément du patrimoine. La terre exploitée, par elle, relevait du patrimoine de la famille. La femme représentait, pour la famille, à la fois un agent de production et un agent de reproduction de la main d'œuvre pour l'exploitation des terres. Vivant dans un système patriarcal hiérarchisé, et soumise au strict respect des normes sociales, elle devait obéissance scrupuleuse au roi, à la famille élargie et à son conjoint. Maintenue dans un statut d'infériorité, elle subissait des discriminations de tout genre. Aucun véritable rôle politique ne lui était assigné. L'assertion d'Aristote selon laquelle : « *cette association (la famille) implique une hiérarchie naturelle : La nature a formé l'homme, qui possède plus d'intelligence pour commander, la femme, l'enfant, l'esclave pour obéir* »[9] est suffisamment illustrative de la place marginale qu'occupait la femme dans la société traditionnelle[10]. Sous la colonisation, la souffrance de la femme s'est accentuée car, en plus du poids des normes coutumières, elle était soumise à certaines contraintes coloniales dont les travaux forcés, l'impôt de capitation, etc. Un acquis majeur en faveur des femmes à cette période fut les mesures prises pour assurer le libre consentement des deux partenaires au mariage[11]. Les mariages forcés ont donc été combattus. Aussi, la citoyenneté politique a été reconnue aux femmes burkinabè dès 1956 avec l'adoption de la loi-cadre qui instaurait le suffrage universel dans les colonies françaises. Toutefois, la situation de la femme ne fera l'objet d'une réflexion critique que dans les années soixante avec l'accession du pays à l'indépendance. La problématique du travail salarié et de la participation de la femme à la vie publique était posée. Les associations féminines voyaient le jour et certaines adhéraient à des partis politiques et syndicats. Ainsi en 1958, Célestine Ouézzin-Coulibaly était nommée ministre des Affaires sociales, de l'habitat et du travail dans le Conseil de gouvernement de la Haute Volta[12]. Cette nomination, intervenue dans un temps voisin du décès de son époux, homme politique de l'époque, a laissé planer le doute quant aux motivations réelles du pouvoir en place, même s'il faut souligner que celle-ci était dotée des compétences requises. Une enseignante, Jacqueline KI-ZERBO, participait activement aux manifestations syndicales ayant conduit à la chute du régime de Premier Président de la Haute-Volta, le 03 janvier 1966. Il a fallu attendre 1976, lors de la proclamation de *« la décennie nationale de la femme »* (1975-1985), pour assister à la nomination d'une femme, Sigué Fatoumatou, comme Secrétaire d'État aux affaires sociales, devenue en 1978, Ministre des affaires sociales et de la condition de la femme. Ce dernier ministère sera de nouveau confié à une femme sous le régime du prochain Président[13]. Le Président suivant a élargi le champ d'action des femmes en confiant le portefeuille du ministère de la Justice, Garde des Sceaux, à l'une d'elles[14]. Nonobstant ces différentes avancées, le statut social d'infériorité de la femme est demeuré. C'est de loin la révolution du Président Thomas SANKARA (1983-1987) qui sonnera le glas en faveur de l'évolution du statut de la femme burkinabè. Assimilant la vie des femmes à *« une sorte d'univers carcéral »*[15], le Président Thomas SANKARA a présenté un programme ambitieux en faveur de celles qui représentaient déjà plus de la moitié de la population. C'est au regard de cet engagement que Marlène ZEBANGO, ancienne ministre de la Justice, disait : *« la lutte des femmes burkinabè pour leurs droits remonte à Thomas Sankara (...) il nous a donné confiance en nous, car il nous encensait et a été le premier à nous confier des postes de responsabilités. »* [16]. Les réformes proposées par son gouvernement révolutionnaire ont indéniablement contribué à modifier le statut des femmes burkinabè et à favoriser l'accès d'un petit nombre d'entre elles à des postes de pouvoir au fil des ans.

Cette vision a été, plus ou moins, maintenue par les régimes successifs jusqu'à nos jours. Ainsi, plusieurs approches ont été expérimentées et de nombreuses mesures d'ordre juridique et institutionnel ont été prises pour combattre les discriminations à l'égard des femmes et garantir, à tous les niveaux, le principe d'égalité entre les femmes et les hommes. En effet, ce pays a ratifié l'essentiel des instruments juridiques internationaux et régionaux consacrant ce principe. Il s'est doté d'une législation conséquente en faveur de la promotion et de la protection des droits des femmes. En matière politique, sociale, économique et culturelle, des textes définissent les cadres juridiques au sein desquels les femmes et les hommes peuvent exprimer leurs droits. Divers acteur-trice-s étatiques et non étatiques se sont mobilisés autour de la question à travers des actions multiples et multiformes. Cependant, malgré ce dispositif qui rejette explicitement toute forme de discrimination à l'égard des femmes et consacre le principe d'égalité femmes-hommes, les inégalités et disparités demeurent vivaces dans la plupart des domaines de la vie. Les femmes continuent d'être mises en marge et victimes de violations de leurs droits fondamentaux. Cette situation, dotée de paradoxes, pose le problème de l'effectivité des droits des femmes au Burkina Faso. Effectivité qui se veut être « *le caractère de ce qui existe en fait. C'est la qualité d'une situation juridique qui correspond à la réalité, d'une compétence qui s'exerce réellement.* »[17].

Ainsi, le Burkina Faso a connu des changements significatifs dans la reconnaissance des droits des femmes, grâce à l'action de différents acteur-trice-s et à l'adhésion à divers instruments internationaux et régionaux. Toutefois, ces avancées ne se traduisent pas toujours par une amélioration concrète de la situation des femmes dans la société. Le cadre normatif et institutionnel existant, ainsi que les nombreux politiques et programmes visant la promotion des droits des femmes, n'ont pas suffi à garantir le respect de ces droits dans les rapports humains à tous les niveaux de la vie. À proprement parler, tout cet arsenal (normatif, institutionnel, etc.) peine à atteindre sa finalité, à savoir offrir une société organisée autour du respect des droits des femmes, du principe d'égalité et de la non-discrimination fondée sur le sexe. Cette situation, assez ambiguë, se justifie par de nombreux facteurs d'ordre institutionnel, économique et socioculturel. Des facteurs d'ordre socioculturel, on peut relever les stéréotypes de sexe qui ont un fort impact sur la réalisation des droits des femmes au Burkina Faso.

Cette réflexion porte essentiellement sur l'impact des stéréotypes de sexe sur la réalisation des droits des femmes au Burkina Faso.

PREMIERE PARTIE

Le système de protection des femmes au Burkina Faso

« Camarade, il n'y a de révolution sociale véritable que lorsque la femme est libérée. Que jamais mes yeux ne voient une société, que jamais mes pas ne me transportent dans une société où la moitié du peuple est maintenue dans le silence. J'entends le vacarme de ce silence dans des femmes, je pressens le grondement de leur bourrasque, je sens la furie de leur révolte. J'entends et espère l'irruption féconde de la révolution, elles traduiront la force et la rigoureuse justesses sorties de leurs entrailles d'opprimées »[18] a dit Thomas SANKARA, leader de la révolution burkinabè d'octobre 1983, pour traduire tout son engagement pour la promotion des droits des femmes dans un contexte où la question des inégalités et disparités entre sexes se posait avec acuité dans tous les domaines de la vie. S'étant engagé à être l'avocat irréductible des femmes, leur participation au processus de développement économique était devenue un maître mot dans ses plans et programmes de développement. Cet élan se matérialisait par l'accession de quelques femmes à des postes de responsabilité politique et les associations féminines gagnaient du terrain en s'investissant pour l'affranchissement de la femme de l'oppression. Cette période a marqué un grand tournant en faveur de la promotion et la protection des droits des femmes au Burkina Faso.

L'engagement au plus haut niveau de l'État s'est maintenu malgré les changements de régime.

L'État burkinabè, conscient que le développement intégral de chaque burkinabè, femme-homme, passe par la jouissance effective de ses droits civils, politiques, économiques et socioculturels, de concert avec divers partenaires au développement épris des questions d'égalité et de non-discrimination, a pris une panoplie de mesures en vue de rendre effectif un développement harmonieux et intégral des droits des femmes. En effet, grâce à un cadre normatif et institutionnel non négligeable et à travers divers politiques et programmes, le Burkina Faso s'est doté de moyens pour résorber le retard accusé par la femme dans les différents domaines. Cependant, malgré les avancées significatives enregistrées ces dernières années, il demeure certaines insuffisances et divers autres facteurs tendant à entraver la réalisation des droits des femmes.

CHAPITRE 1

Le cadre général de protection des femmes

Le Burkina Faso, résolument engagé dans la défense des droits des femmes, s'est doté de moyens normatifs et institutionnels remarquables, et agit conséquemment à travers diverses politiques et stratégies en vue de l'effectivité desdits droits.

Section 1 : Une protection juridique conséquente

Le plateau normatif et institutionnel répond aux engagements pris par l'État, à travers les instruments et mécanismes supranationaux, visant la promotion des droits des femmes.

Paragraphe 1 : Un dispositif supranational abondant

Sur le plan supranational, les militants, les organes de défense des droits de l'homme et les États ont multiplié des efforts afin que le système de protection des droits de l'homme, dans son évolution, s'adapte pour prendre en compte les dimensions sexospécifiques des violations des droits fondamentaux en vue d'une meilleure protection des femmes. Dans cette dynamique, le Burkina Faso a ratifié la majeure partie des instruments juridiques internationaux (mondiaux et africains) relatifs aux droits des femmes. Il en va de même de son adhésion aux mécanismes mis en place au niveau international en vue de la promotion et du contrôle de la protection desdits droits par les États parties.

Dans ce paragraphe, l'étude se satisfera essentiellement d'un descriptif du dispositif supranational existant et applicable au Burkina Faso.

I- Au niveau onusien

Des concepts fondamentaux ont été développés au niveau international pour toucher tous les aspects de la vie et de nature à trouver application quel que soit le domaine ou le mode d'intervention en vue d'une meilleure protection des droits de l'homme en général et ceux de la femme en particulier. Il s'agit essentiellement du concept touchant au clivage public-privé, selon lequel il est exigé des agents, aussi bien du domaine public que du domaine privé, le respect, la protection et l'application des normes en matière des droits de l'homme. Il est également soumis à l'État, l'obligation d'œuvrer pour le respect et la jouissance des droits fondamentaux en général et ceux des femmes en particulier, même dans la sphère privée (domestique). Ce concept est rappelé dans la CEDEF, notamment en ses articles 2 et 5[19]. Il a été repris par le Comité pour l'élimination de la discrimination à l'égard des femmes (Comité CEDEF) dans sa recommandation générale n°19 (1992) qui précise que « *les État peuvent être également responsables d'actes privés s'ils n'agissent pas avec la diligence voulue pour prévenir la violation des droits* ».

Ensuite, il y a le concept de l'universalité des droits de l'homme qui fait de ces droits des normes universelles et indivisibles. Il constitue l'idée centrale de la Déclaration Universelle des Droits de l'Homme et se présente comme un élément déterminant du système des droits de l'homme. Il renvoie à l'idée selon laquelle tous les êtres humains jouissent des mêmes droits fondamentaux du seul fait de leur humanité, où qu'ils vivent et qui qu'ils soient indépendamment de leur statut ou de toute caractéristique particulière. Cette universalité a été, spécifiquement, reconnue aux droits des femmes à la Conférence mondiale de Vienne sur les droits de l'homme[20] et rappelée lors de la quatrième Conférence mondiale sur les femmes[21]. Ainsi, ce concept permet d'écarter, entre autres, toute idée stéréotypée en défaveur des femmes, toute justification de violation des droits de la femme fondée notamment sur la coutume ou sur des normes culturelles, tel qu'il a été rappelé, en 2002 dans le rapport E/CN.4/2002/83, par Radhika Coomaraszamy, Rapporteuse spéciale sur la violence contre les femmes

[22]. La Rapporteuse spéciale a affirmé que l'universalité des droits de l'homme implique que tous les êtres humains, sans distinction fondée sur le sexe, la race, la religion, la culture ou l'origine, ont droit au respect de leur dignité et à la protection de leur droits fondamentaux. Elle a rappelé que les droits des femmes ne peuvent être subordonnées aux traditions, aux coutumes ou aux valeurs religieuses qui les discriminent. Elle a souligné que le respect de la diversité culturelle ne doit pas servir de prétexte pour justifier la violation des droits des femmes et qu'il est nécessaire d'instaurer un dialogue qui permettrait de remettre en question les stéréotypes et préjugés qui perpétuent la violence contre les femmes.

Aussi, il y a le concept de la non-discrimination et d'égalité entre femme-homme. Ce concept renferme des principes essentiels du droit des droits de l'homme. Clairement affirmés dans les pactes dits jumeaux [23], ces principes sont rappelés dans l'essentiel des instruments juridiques internationaux. L'égalité et la non-discrimination constituent les pierres angulaires de tous les droits de l'homme parce qu'intrinsèquement liées à la dignité humaine. Ils proscrivent toute discrimination fondée sur le sexe et garantissent aux femmes et aux hommes l'égalité dans la jouissance de tous les droits. La CEDEF va plus loin en détaillant les obligations faites aux États et les mesures qu'ils doivent prendre pour aboutir, dans la pratique, à l'égalité femme-homme. Ainsi, en plus de requérir l'égalité concrète et formelle, elle interdit toute pratique de nature à perpétuer les inégalités ou toute discrimination de droit ou de fait. Le Comité CEDEF a, pour sa part, contribué à la consécration des principes d'égalité et de non-discrimination comme des normes fondamentales du droit international des droits de l'homme. En effet, ce comité a consacré les principes d'égalité et de non-discrimination dans plusieurs de ses recommandations générales, qui sont des interprétations autorisées de la Convention destinées à orienter les États parties dans leur mise en œuvre. Ainsi, dans la recommandation générale n°28(2010) sur le caractère fondamental du principe d'égalité entre les hommes et les femmes, le Comité affirme que « l*e principe d'égalité entre les hommes et les femmes est un principe universellement reconnu en droit international des droits de l'homme* » ; dans la recommandation générale n°25(2004) sur la dimension temporaire des mesures spéciales visant à accélérer l'égalité de fait entre les hommes et les femmes, il est précisé que « *le principe d'égalité entre les hommes et les femmes a évolué pour englober tous les aspects du comportement humain* » et dans la recommandation générale n°19(1992) sur la violence à l'égard des femmes, il souligne que « *la discrimination fondée sur le sexe comprend la violence fondée sur le sexe, c'est-à-dire la violence dirigée contre une femme parce qu'elle est une femme ou qui touche les femmes de manière disproportionnée* ». Le comité a également reconnu le caractère impératif des principes d'égalité et de non-discrimination dans certaines de ses décisions rendues en vertu de son protocole facultatif. Par exemple, dans l'affaire A.T. c. Hongrie (2005), le Comité a estimé que « *le droit fondamental des femmes à ne pas être soumises à la discrimination comprend le droit d'être protégées contre la violence* » ; dans l'affaire R.K.B. c. Turquie (2016), le Comité a affirmé que « *le principe d'égalité entre les hommes et les femmes est un élément essentiel du droit au travail* ».

En outre, on retrouve les concepts d'égalité et de genre dont il est recommandé de préférer à celui d'équité dans la mesure où ce dernier, relevant de critères subjectifs, a parfois été appliqué de façon à perpétuer les stéréotypes quant aux rôles des femmes dans la société. Cela parce que celui-ci part du postulat que les femmes doivent être traitées « *équitablement* » en fonction des rôles dont elles s'acquittent. Cette prescription est rappelée par le Comité CEDEF dans diverses recommandations et observations finales à l'adresse des États. Il en est ainsi de la recommandation n°28(2010), d'où il ressort que les États parties sont « *invités à employer exclusivement les notions d'égalité entre hommes et femmes ou d'égalité de genre, et non pas celles d'équité dans le traitement des hommes et des femmes, lorsqu'ils s'acquittent des obligations que leur fait la Convention.* ». En tout état de cause, l'égalité concrète est la finalité visée par le droit des droits de l'homme et cela présuppose que des mesures soient prises pour parvenir à l'égalité de résultat.

Enfin, il a été développé le concept de l'intersectionnalité et des formes multiples de la discrimination qui permet de prendre en compte les diverses formes de discrimination qui peuvent se recouper et constituer des facteurs aggravants ou influencer significativement la nature de la discrimination subie par la victime. Il s'agit notamment de la prise en compte de facteurs tels que l'âge, le statut économique, l'ethnie, la religion, l'état de santé, les origines, la pauvreté, etc. Ce concept d'intersectionnalité est traité par la Convention et le Comité CEDEF comme un élément essentiel pour garantir le respect, la protection et la réalisation des droits humains des femmes et des filles dans toute leur diversité. Les États parties à la Convention ont l'obligation de prendre en compte les facteurs qui peuvent exposer certaines femmes et filles à des discriminations multiples ou aggravées et de prendre des mesures appropriées pour prévenir, combattre et réparer ces discriminations. A ce propos :

- Dans, la recommandation générale n°12 (1989) sur la violence contre les femmes, il est demandé aux États parties de fournir des informations sur les mesures prises pour éliminer la violence contre les femmes qui sont particulièrement vulnérables à cette violence en raison de facteurs tels que la race ou l'origine ethnique.

- Dans la recommandation générale n°14 (1990) sur les mutilations génitales féminines, il est souligné que cette pratique constitue une forme extrême de discrimination à l'égard des femmes et affecte principalement certaines communautés ethniques.

- Dans la recommandation générale n°19 (1992) sur la violence à l'égard des femmes, il est reconnu que certains groupes de femmes sont particulièrement exposés à la violence en raison de facteurs tels que leur appartenance à une minorité ou leur statut d'immigrées.

- Dans la recommandation générale n°31 (2014), il est rappelé que le Comité peut tenir compte du contexte intersectionnel dans lequel une violation alléguée a eu lieu et examiner si elle a été aggravée par d'autres formes de discrimination fondées sur d'autres motifs interdits.

- Dans la recommandation générale n°35 (2017) sur la violence sexiste à l'égard des femmes mettant à jour la recommandation générale n°19, il est affirmé que le Comité considère que "*la violence sexiste contre les femmes est fondée sur le sexe et/ou le genre ; elle est dirigée contre une femme parce qu'elle est une femme ou qu'elle affecte disproportionnellement les femmes. Elle est étroitement liée aux rapports sociaux entre hommes et femmes. Elle varie selon le contexte politique, économique et social et s'exerce sous différentes formes. Elle englobe également la violence sexiste contre les personnes dont le sexe et/ou le genre ne correspondent pas aux normes sociales dominantes*".

Dans la même logique et dans le cadre de l'examen des rapports périodiques présentés par les États parties sur les mesures adoptés pour donner effet aux dispositions de la Convention, le Comité a, dans ses observations finales sur le rapport du Burkina Faso en 2019, exprimé sa préoccupation face à « *la persistance de pratiques préjudiciables, telles que les mariages précoces et forcés, les mutilations génitales féminines, les grossesses précoces, les violences sexuelles et sexistes, l'infanticide des filles et la stigmatisation des femmes vivant avec le VIH/sida, qui affectent de manière disproportionnée les femmes et les filles appartenant à des groupes défavorisés ou marginalisés, notamment celles vivant en milieu rural, celles appartenant à des minorités ethniques ou religieuses, celles vivant avec un handicap et celles déplacées à l'intérieur du pays* » (paragraphe 18). Il a recommandé au Burkina Faso de « *renforcer les mesures visant à éliminer toutes les formes de discrimination et de violence à l'égard des femmes et des filles appartenant à des groupes défavorisés ou marginalisés* » (paragraphe 19).

Ces différents concepts sont en phase avec divers instruments et constamment rappelés dans les productions des mécanismes mis en place.

A. Une diversité d'instruments onusiens

Le système des Nations Unies, organisation internationale regroupant 193 États Membres, vise essentiellement à maintenir la paix et la sécurité internationales, à promouvoir le respect des droits de l'homme, à coopérer dans les domaines économique, social, culturel et humanitaire, et à réaliser les objectifs de développement durable. Ce système comprend six organes principaux que sont l'Assemblée générale, le Conseil de sécurité, le Conseil économique et social, le Conseil de tutelle, la Cour internationale de justice et le Secrétariat. Ces organes sont établis par la Charte des Nations Unies, qui est le traité fondateur de l'organisation. En plus des six organes principaux, le système des Nations Unies comprend également des programmes, des fonds et des institutions spécialisées, qui ont des mandats plus spécifiques et qui sont financés par des contributions volontaires ou statutaires. Il en est ainsi du Programme des Nations Unies pour le Développement (PNUD), qui contribue à éradiquer la pauvreté et à réduire les inégalités ; du Programme des Nations Unies pour l'Environnement (PNUE), qui s'occupe des questions environnementales ; du Fonds des Nations Unies pour l'enfance (UNICEF), qui protège les droits et le bien-être des enfants et de l'Organisation Mondiale de la Santé (OMS), qui coordonne les actions sanitaires au niveau mondial. Le système des Nations Unies dispose également de bureaux régionaux, de commissions économiques et sociales, de missions politiques et de maintien de la paix, d'agences humanitaires et d'autres entités qui lui permettent d'être présent sur tous les continents et dans tous les domaines.

Les traités des Nations Unies sont des accords internationaux conclus entre les États Membres de l'ONU pour régir des domaines spécifiques, tels que les droits de l'homme, le désarmement, le droit de la mer, le commerce, le climat, etc. Ces traités sont souvent accompagnés de la création d'organes conventionnels, qui sont des comités d'experts indépendants chargés de surveiller leur application par les États parties. Ces organes conventionnels peuvent recevoir des rapports périodiques des États parties, examiner des plaintes individuelles ou interétatiques, mener des enquêtes ou des visites sur le terrain, formuler des observations générales ou des recommandations, et dialoguer avec les États parties, les organisations internationales, la société civile et d'autres acteurs.

Il existe également d'autres traités et organes conventionnels relatifs à d'autres domaines tels que le droit humanitaire, le droit maritime, le droit commercial, le droit pénal, le droit environnemental, etc. Il en est ainsi de la Convention sur le statut des réfugiés et son protocole facultatif, qui sont supervisés par le Haut-Commissariat des Nations Unies pour les réfugiés (HCR) ; la Convention sur le commerce international des espèces de faune et de flore sauvages menacées d'extinction (CITES), qui est supervisée par un Secrétariat permanent et une Conférence des Parties ; ou encore la Convention sur le droit de la mer (CNUDM), qui est supervisée par plusieurs organes tels que le Tribunal international du droit de la mer, la Commission des limites du plateau continental ou l'Autorité internationale des fonds marins.

1. Des engagements juridiques à forte portée

Dans l'espace onusien, il est important de souligner qu'il est fait de l'égalité femme-homme une des garanties fondamentales des droits de l'homme. En effet, les signataires de la Charte des Nations Unies, adoptée en 1945, ont déclaré leur résolution « *à proclamer de nouveau leur foi dans les droits fondamentaux de l'homme, dans la dignité et la valeur de la personne humaine et dans l'égalité des droits des hommes et des femmes* ». En son article premier, la Charte prévoit que l'un des buts des Nations Unies est d'encourager le respect des droits de l'homme et des libertés fondamentales pour tous, « *sans distinction de race, de sexe, de langue ou de religion* ». Ce rejet de la discrimination est repris en ses articles 13 et 55 concernant respectivement le Mandat de l'Assemblée Générale et la Promotion des Droits de l'Homme. Le Burkina Faso, membre des Nations Unies depuis le 20 septembre 1960, a épousé l'ensemble de ces idéaux.

La Déclaration universelle des droits de l'homme (DUDH), adoptée en 1948 et reconnue par le Burkina Faso, affirme aussi le principe d'égalité et de non-discrimination. En optant, dans la formulation de son contenu, pour des groupes de mots comme « *tous les êtres humains* » ou mots comme « *chacun* », les initiateurs ont entendu écarter toute polémique et tout doute en ce que la déclaration vaut aussi bien pour les hommes que pour les femmes. Par ailleurs, son préambule affirme la foi des peuples des Nations Unies dans l'égalité des droits des hommes et des femmes, et se déclare résolu à favoriser le progrès social et à instaurer de meilleures conditions de vie dans une liberté plus grande. La DUDH constitue un instrument fondamental pour la promotion et la protection des droits humains de tous les êtres humains. Elle affirme que les droits et libertés proclamés dans la Déclaration s'appliquent à tous les individus et à tous les organes de la société. Elle énonce un ensemble de droits civils, politiques, économiques, sociaux et culturels qui sont indispensables à la dignité et au libre développement de la personnalité humaine. Elle garantit également le droit à la sécurité sociale, au repos et aux loisirs, à l'éducation, à la participation à la vie culturelle et scientifique, ainsi qu'à un ordre social et international favorable à l'exercice des droits fondamentaux. Elle reconnaît enfin les devoirs de toute personne envers la communauté et les limitations légitimes qui peuvent être imposées aux droits et libertés en vue d'assurer le respect des droits et libertés d'autrui et les justes exigences de la morale, de l'ordre public et du bien-être général.

Le Pacte international relatif aux droits civils et politiques (PIDCP) et le Pacte international relatif aux droits économiques, sociaux et culturels (PIDESC) consacrent également le principe de la non-discrimination fondée sur le sexe, notamment en leurs articles 2 et 3. Ces deux pactes constituent des traités internationaux, adoptés par l'Assemblée générale des Nations Unies en 1966 et entré en vigueur en 1976. Ils ont été ratifiés par le Burkina Faso le 04 janvier 1999. Ayant une valeur juridique contraignante pour tous les États qui les ont ratifiés, ces pactes forment avec la DUDH, la Charte Internationale des Droits de l'Homme. Le PIDCP garantit aux individus, se trouvant sur le territoire ou relevant de la compétence des États parties, le respect et la protection de leurs droits civils et politiques, sans distinction aucune. Il engage les États parties à assurer le droit égal des femmes et des hommes de jouir de tous les droits civils et politiques énoncés, notamment le droit à la vie, à la liberté, à la sécurité, à la non-discrimination, à la participation politique, à la liberté d'expression, de religion, d'association et de réunion. Il est accompagné de deux protocoles facultatifs qui promeuvent également l'égalité entre femmes et hommes. Son premier protocole facultatif permet aux individus de saisir le Comité des droits de l'homme, l'organe chargé de surveiller l'application du pacte, s'ils estiment que leurs droits ont été violés par un État partie. Son deuxième protocole facultatif, qui vise l'abolition de la peine de mort (1989), engage les États parties à renoncer à l'exécution de toute personne relevant de leur juridiction, en toutes circonstances, y compris en temps de guerre ou de danger imminent de guerre. Quant au PIDESC, il reconnaît et protège les droits économiques, sociaux et culturels des individus et des peuples. Ces droits comprennent le droit au travail, à la santé, à l'éducation, à l'alimentation, à l'eau, à l'assainissement, au logement, à la sécurité sociale et à la participation à la vie culturelle et scientifique, au mariage, à la maternité et à la protection de l'enfant, à un niveau de vie suffisant, de constituer des syndicats. Son Protocole facultatif établit des mécanismes de plainte et d'enquête pour le Pacte. Il permet aux victimes de violations de leurs droits économiques, sociaux et culturels, qui n'ont pas obtenu justice dans leur pays, de saisir le Comité des droits économiques, sociaux et culturels des Nations Unies.

La Déclaration sur l'élimination de la discrimination à l'égard des femmes est intervenue en 1967 pour affirmer les droits humains des femmes et condamner toute forme de discrimination fondée sur le sexe. Il y ressort que la discrimination contre les femmes est « *fondamentalement injuste et constitue une atteinte à la dignité humaine* » et les États ont été appelés à « *abolir les lois, les coutumes, les règlements et pratiques qui constituent une discrimination à l'égard des femmes et à assurer la protection juridique adéquate de l'égalité des hommes et des femmes* ». La déclaration reconnait que les femmes sont souvent victimes de préjugés, de coutumes et de pratiques qui limitent leur liberté et leur égalité. Elle appelle les États à prendre des mesures législatives, éducatives et sociales pour éliminer ces obstacles et garantir aux femmes le respect de leur dignité humaine. Elle aborde aussi les stéréotypes de sexe. Elle affirme que ces stéréotypes sont souvent à l'origine de la discrimination à l'égard des femmes et qu'ils doivent être modifiés ou éliminés. Elle souligne que les femmes doivent avoir la possibilité de choisir librement leur profession, leur éducation, leur mariage et leur maternité, sans être influencées par des normes ou des attentes sociales basées sur le genre.

En 1979, intervenait un acte contraignant en la matière, à savoir **la Convention sur l'élimination de toutes les formes de discrimination à l'égard des femmes (CEDEF)**. Elle a été ratifiée par le Burkina Faso le 14 octobre 1987. Il en est de même de son protocole facultatif portant sur le Comité CEDEF, le 10 octobre 2005. Cette Convention a l'avantage non seulement d'exposer clairement la nature et la signification de la discrimination fondée sur le sexe, mais également d'établir les obligations des États en matière d'élimination de la discrimination et de mise en place d'une égalité réelle. Elle définit la discrimination en son article premier comme « (...) *toute distinction, exclusion ou restriction fondée sur le sexe qui a pour effet ou pour but de* *compromettre ou de détruire la reconnaissance, la jouissance ou l'exercice par les femmes, quel que soit leur état matrimonial, sur la base de l'égalité de l'homme et de la femme, droits de l'homme et des libertés fondamentales dans les domaines politique, économique, social, culturel et civil ou dans tout autre domaine* ». Elle apporte, en particulier, des éléments nouveaux et concrets aux autres traités sur la notion d'égalité et de non-discrimination. Elle prévoit l'obligation à la charge des États de modifier ou d'abroger toute loi constitutive d'une discrimination à l'égard des femmes. En seize articles, la Convention spécifie les obligations incombant aux États en vue de l'élimination de la discrimination contre les femmes dans les domaines politique, social, économique et culturel. Elle s'intéresse aussi bien aux droits civils et politiques qu'aux droits économiques, sociaux et culturels. Elle s'intéresse à la traite des personnes, aux groupes spécifiques de femmes tels que les femmes rurales et à des réalités particulières telles que le mariage et la famille. Elle couvre toute discrimination fondée sur le sexe qui désavantage intentionnellement ou non les femmes, que ce soit dans le domaine public ou privé, et qui les empêchent d'exercer les libertés et droits fondamentaux qui sont les leurs. Elles prévoient la façon dont les États sont censés éliminer les discriminations. Elle n'exclut pas la possibilité de prendre des mesures positives visant à améliorer la condition de la femme. Ainsi, elle prévoit en son article 5 qu'en plus du fait de reconnaître l'égalité des femmes devant la loi et de promouvoir l'égalité dans les faits, les États doivent œuvrer à l'élimination des pratiques sociales, culturelles et traditionnelles qui perpétuent *des stéréotypes néfastes* sur les femmes et les hommes, et œuvrer à la mise en place, dans la société, d'un cadre pertinent d'ensemble qui encourage les femmes à exercer pleinement leurs droits.

Les droits politiques des femmes sont spécifiquement reconnus et protégés à travers **la Convention des Nations Unies sur les droits politiques des femmes adoptée le 20 décembre 1952**. Celle-ci prévoit expressément les principes d'égalité avec les hommes et de non-discrimination relativement auxdits droits. Elle est le premier instrument de droit international à reconnaître et protéger les droits politiques des femmes, tels que le droit de vote, le droit d'être éligible aux élections, le droit d'exercer des fonctions publiques et le droit de participer à la direction des organisations internationales. En ratifiant cette convention le 09 décembre 1998, le Burkina Faso s'est engagé à respecter et à promouvoir les droits politiques des femmes.

La Convention des Nations Unies sur le consentement au mariage, l'âge minimum du mariage et l'enregistrement des mariages, adoptée en 1962 et ratifiée par le Burkina Faso le 08 décembre 1964, se fonde sur l'article 16 de la DUDH qui reconnaît le droit de se marier et de fonder une famille à partir de l'âge nubile, sans aucune restriction quant à la race, la nationalité ou la religion, et avec le libre et plein consentement des futurs époux. Elle prévoit le principe d'égalité des époux, la liberté matrimoniale et l'abolition du mariage des enfants. En substance, cette convention prévoit que :

- Aucun mariage ne peut être contracté légalement sans le libre et plein consentement des deux parties, qui doivent exprimer leur consentement en personne devant une autorité compétente et des témoins.

- Les États parties à la convention doivent prendre les mesures législatives nécessaires pour spécifier et imposer un âge minimum pour le mariage, sauf dérogation accordée par une autorité compétente pour des motifs graves et dans l'intérêt des futurs époux.

- Les autorités civiles compétentes doivent procéder à l'enregistrement de tous les mariages.

Cette convention a été complétée par la recommandation sur le consentement au mariage, l'âge minimum du mariage et l'enregistrement des mariages, adoptée par l'Assemblée générale des Nations Unies en 1965, signée par le Burkina Faso le 7 novembre 1965. Elle propose des mesures supplémentaires pour assurer le respect des principes de la convention, tels que :

- L'éducation des jeunes sur les droits et les responsabilités liés au mariage.

- La diffusion d'informations sur les dispositions légales relatives au mariage dans les langues officielles et nationales.

- La promotion de la participation des femmes aux activités économiques, sociales et culturelles.

- La protection des droits des enfants nés hors mariage.

- La coopération internationale pour éliminer les coutumes, les lois et les pratiques contraires à la convention.

Cette recommandation couvre des aspects tels que l'éducation, l'information, la participation, la protection et la coopération internationale en matière de mariage.

La convention internationale sur la nationalité de la femme mariée constitue un autre instrument juridique important qui vise la promotion de l'égalité entre les sexes et la protection des droits des femmes en matière de nationalité. Elle a été adoptée par l'Assemblée générale des Nations Unies en 1957 et ratifiée par le Burkina Faso le 02 novembre 1992. Cette convention vise à garantir que les femmes ne soient pas privées de leur nationalité ou de leur droit de changer de nationalité en raison de leur mariage. Elle vise également à prévenir les cas d'apatridie et de discrimination à l'égard des femmes qui changent de nationalité en raison du mariage. Elle prévoit notamment que :

- Les États parties doivent accorder à la femme le même droit qu'à l'homme d'acquérir, de changer ou de conserver sa nationalité.

- Le mariage entre un national et un étranger ne doit pas affecter automatiquement la nationalité de l'épouse, ni la rendre apatride ou l'obliger à acquérir la nationalité de son mari.

- La femme doit avoir le même droit que l'homme de transmettre sa nationalité à ses enfants.

- La femme doit avoir le même droit que l'homme de demander, pour elle-même ou pour ses enfants, la naturalisation dans le pays où elle réside.

- Les États parties doivent faciliter l'acquisition de leur nationalité par les femmes qui ont perdu leur nationalité d'origine en raison de leur mariage avec un étranger.

La convention internationale des droits de l'enfant (CIDE), adoptée le 20 novembre 1989 et ratifiée par le Burkina Faso le 31 Août 1990, reconnaît que les enfants sont titulaires de droits fondamentaux, sans distinction de sexe, et prévoit leur protection contre toute forme de discrimination, y compris celle fondée sur le sexe. La CIDE affirme également le droit des enfants à l'éducation, à la santé, à l'expression, à la participation et à la protection contre les violences, notamment les mariages forcés et précoces. Ces droits sont essentiels pour promouvoir l'égalité entre les filles et les garçons, et pour prévenir les violations des droits des femmes. La CIDE a trois protocoles facultatifs dont le premier vise à renforcer la protection des enfants contre toute implication dans les conflits armés. Il interdit la conscription et l'enrôlement des enfants de moins de 18 ans dans les forces armées et leur participation directe aux hostilités. Il a été adopté par l'Assemblée générale des Nations Unies en 2000 et est entré en vigueur en 2002. Ce protocole ne traite pas spécifiquement des droits des femmes, mais il reconnaît que les enfants, en particulier les filles, sont exposés à des risques accrus de violations de leurs droits dans les situations de conflit armé, notamment le viol, l'esclavage sexuel, la prostitution forcée et la grossesse forcée[24]. Il appelle donc les États parties à prendre toutes les mesures possibles pour protéger et assurer le respect des droits de l'enfant, sans distinction aucune, notamment en ce qui concerne le genre. Le deuxième protocole concerne la vente d'enfants, la prostitution des enfants et la pornographie mettant en scène des enfants. Il vise à prévenir et à combattre ces formes d'exploitation des enfants, qui constituent de graves violations de leurs droits. Il a été adopté en 2000 et est entré en vigueur en 2002. Ce Protocole vise à prévenir et à combattre ces formes d'exploitation des enfants, qui affectent de manière disproportionnée les filles. Il oblige les États parties à adopter des mesures législatives, administratives, sociales et éducatives pour protéger les droits et l'intérêt supérieur des enfants victimes de ces pratiques. Il prévoit également que les États parties doivent assurer aux enfants victimes l'accès à une assistance appropriée, y compris à des soins médicaux, psychologiques et sociaux, ainsi qu'à une réadaptation et à une réinsertion. Le troisième protocole établit une procédure de présentation de communications. Il a été adopté par l'Assemblée générale des Nations Unies en 2011 et entré en vigueur en 2014. Il permet aux enfants ou à leurs représentants de saisir le Comité des droits de l'enfant d'une plainte pour violation de leurs droits garantis par la Convention ou par les autres protocoles facultatifs. Il reconnaît ainsi le statut de l'enfant en tant que sujet de droit et en tant qu'être humain dont la dignité doit être reconnue et dont les capacités évoluent. Il prévoit que les procédures prévues dans le cadre de ces recours doivent être adaptées aux enfants et tenir compte de leur situation particulière, notamment en ce qui concerne le genre. Il prévoit également que le Comité peut demander aux États parties de prendre des mesures provisoires pour éviter qu'un dommage irréparable ne soit causé à la victime ou aux victimes de la violation alléguée.

La convention relative aux personnes handicapées, adoptée le 13 décembre 2006 et entrée en vigueur le 03 mai 2008, ratifiée par le Burkina Faso le 23 juillet 2009, aborde les droits des femmes, notamment en son article 6 qui reconnaît que les femmes et les filles handicapées sont exposées à des formes multiples et croisées de discrimination fondées sur le sexe et le handicap. Cette disposition appelle les États parties à prendre des mesures pour garantir que les femmes et les filles handicapées puissent exercer pleinement et effectivement tous leurs droits de l'homme et leurs libertés fondamentales. La convention s'intéresse aux droits des femmes handicapées dans divers domaines, tels que l'éducation, la santé, le travail, la participation politique, la violence, l'exploitation et les abus. Elle vise à promouvoir l'égalité des chances, l'autonomisation et l'inclusion des femmes et des filles handicapées dans tous les aspects de la vie. Ainsi, elle prévoit que :

- Les États parties doivent reconnaître le droit des personnes handicapées à fonder une famille et à exercer leur responsabilité parentale, en tenant compte du meilleur intérêt de l'enfant. Ils doivent également assurer aux femmes handicapées le droit de décider librement et en toute connaissance de cause du nombre d'enfants qu'elles désirent avoir et de l'espacement des naissances, ainsi que le droit d'accéder à des informations, à des services et à un soutien approprié en matière de procréation et de planification familiale.
- Les États parties doivent prendre des mesures efficaces et appropriées pour permettre aux personnes handicapées de participer pleinement et effectivement à la vie politique et publique, y compris en encourageant leur participation aux affaires publiques. Ils doivent également veiller à ce que les personnes handicapées puissent exercer leur droit de vote et d'éligibilité, en garantissant notamment que les procédures, les installations et le matériel électoraux soient appropriés, accessibles et faciles à comprendre et à utiliser. De même, ils doivent favoriser la participation des femmes handicapées aux organisations non gouvernementales et aux associations qui s'occupent du bien-être public.

En matière de traite des personnes, les droits des femmes sont abordés de façon spécifique dans **le Protocole additionnel à la Convention des Nations Unies contre la criminalité transnationale organisée visant à prévenir, réprimer et punir la traite des personnes, en particulier des femmes et des enfants**, adopté le 15 novembre 2000. Il a été ratifié par le Burkina Faso le 15 mai 2002. Ce Protocole reconnaît que la traite des personnes constitue une violation grave des droits de l'homme et une forme de violence à l'égard des femmes et des enfants. Il prévoit des mesures de protection et d'assistance aux victimes de la traite, tenant compte des besoins spécifiques des femmes et des enfants. Il appelle également les États parties à adopter des politiques et des programmes visant à prévenir et combattre la traite, notamment en renforçant la coopération internationale, en criminalisant les actes de traite, en protégeant les droits des victimes et en favorisant leur réintégration sociale.

La Convention contre la torture et autres peines ou traitements cruels, inhumains ou dégradants, adoptée par les Nations Unies le 10 décembre 1984 et entrée en vigueur le 26 juin 1987. Elle a été ratifiée par le Burkina Faso le 04 janvier 1999. Elle interdit le recours à la torture et aux mauvais traitements dans tout territoire sous la juridiction des États parties et leur impose de prendre des mesures efficaces pour prévenir, enquêter et sanctionner ces pratiques. Toutefois, la convention ne contient pas de dispositions spécifiques sur la prévention et l'élimination de la torture fondée sur le genre ou sur la prise en compte des perspectives et des expériences des femmes dans la lutte contre la torture.

La Convention relative au statut des réfugiés, adoptée le 28 juillet 1951 et entrée en vigueur le 22 avril 1954, elle a été ratifiée par le Burkina Faso le 18 juin 1980. Cette convention ne contient pas de dispositions spécifiques relatives aux femmes, mais elle reconnaît que les réfugiés peuvent avoir des besoins et des problèmes particuliers en fonction de leur sexe, de leur âge ou de leur situation familiale. Elle prévoit notamment que les États parties doivent respecter et garantir les droits énoncés dans la convention à chaque réfugié relevant de leur juridiction, sans discrimination aucune, y compris celle fondée sur le sexe.

Il faut cependant noter que le Haut-Commissariat pour les Réfugiés, agence des Nations Unies pour les réfugiés, a élaboré des lignes directrices et des politiques pour assurer une approche sensible au genre dans la protection et l'assistance des réfugiés. Il reconnaît que les femmes réfugiées sont souvent exposées à des risques spécifiques, tels que la violence basée sur le genre, la discrimination, l'exclusion, l'exploitation et la traite. Il s'efforce donc de promouvoir l'égalité entre les sexes, la participation et l'autonomisation des femmes réfugiées dans tous les aspects de son action. Il veille également à ce que les besoins spécifiques des femmes réfugiées soient pris en compte dans l'accès aux services essentiels, tels que la santé, l'éducation, l'eau, la nourriture, le logement et l'assainissement.

La convention contre la discrimination dans l'éducation adoptée en 1960, elle a été ratifiée par le Burkina Faso le 4 septembre 2012. Elle vise à promouvoir l'égalité de chances et de traitement pour toutes les personnes dans le domaine de l'enseignement, sans distinction de race, de couleur, de sexe, de langue, de religion, d'opinion politique, d'origine nationale ou sociale, de condition économique ou de naissance. Elle prévoit que le terme « *discrimination* » comprend toute distinction, exclusion, limitation ou préférence qui, fondée sur la race, la couleur, le sexe, la langue, la religion, l'opinion politique ou toute autre opinion, l'origine nationale ou sociale, la condition économique ou la naissance, a pour objet ou pour effet de détruire ou d'altérer l'égalité de traitement en matière d'enseignement. Elle garantit l'accès à l'enseignement secondaire et supérieur en pleine égalité, en fonction des capacités de chacun. Elle reconnaît aussi la nécessité de promouvoir l'éducation des femmes et des filles, qui sont souvent victimes de multiples formes de discrimination.

La Convention internationale sur la protection des droits de tous les travailleurs migrants et des membres de leur famille a été adoptée le 18 décembre 1990 et est entrée en vigueur le 1er juillet 2003. Elle a été ratifiée par le Burkina Faso le 26 novembre 2003. Elle vise à garantir le respect des droits fondamentaux des travailleurs migrants et de leurs familles, qu'ils soient réguliers ou irréguliers. Elle reconnaît également le lien entre les migrations et le développement, ainsi que la nécessité d'une coopération internationale en matière de gestion des migrations. Cette convention contient des dispositions favorables aux femmes à plusieurs égards. Ainsi, son article 7 prévoit que les États parties doivent respecter et garantir les droits énoncés dans la convention sans distinction aucune, notamment celle fondée sur le sexe. L'article 16 prévoit que les travailleurs migrants et les membres de leur famille ont droit à la liberté et à la sécurité de leur personne, et ne doivent pas être soumis à la torture, à des peines ou traitements cruels, inhumains ou dégradants, ni à la violence, à l'intimidation ou à la coercition de nature physique, psychologique ou sexuelle. L'article 18 reconnaît leur droit à un recours effectif devant les tribunaux ou les autorités compétentes, notamment en cas de violation de leurs droits en matière de conditions de travail, d'exploitation ou de harcèlement sexuel. L'article 27 engage les États parties à faciliter leur intégration dans la société d'accueil, en tenant compte notamment des besoins culturels, religieux et linguistiques des femmes. L'article 43 leur garantit le droit à l'égalité de traitement avec les nationaux dans le domaine de l'emploi et de la profession, y compris en ce qui concerne l'accès à la formation professionnelle et aux services sociaux, ainsi que le droit à la sécurité sociale. L'article 44 protège le droit des travailleurs migrants ayant un statut régulier à faire venir leur conjoint ou leur conjointe et leurs enfants mineurs dans l'État d'emploi. La convention prévoit également la possibilité pour les États parties de reconnaître la compétence du Comité pour la protection des droits de tous les travailleurs migrants et des membres de leur famille pour recevoir et examiner des communications individuelles ou interétatiques, conformément aux articles 76 et 77.

La convention internationale pour la protection de toutes les personnes contre les disparitions forcées, adoptée en 2007 et entrée en vigueur en 2010, appréhende la disparition forcée comme une violation des droits de l'homme qu'elle interdit, sans faire aucune distinction fondée sur le sexe. Elle définit la disparition forcée comme étant « *l'arrestation, la détention, l'enlèvement ou toute autre forme de privation de liberté par des agents de l'État ou par des personnes ou des groupes de personnes qui agissent avec l'autorisation, l'appui ou l'acquiescement de l'État, suivi du déni de la reconnaissance de la* *privation de liberté ou de la dissimulation du sort réservé à la personne disparue ou du lieu où elle se trouve, la soustrayant à la protection de la loi* » (article 2). Afin de réduire les risques de disparition, la convention prévoit un certain nombre de mesures préventives dont l'obligation fait à l'État d'enregistrer toute personne privée de liberté, de détenir la personne dans un lieu officiel et de l'autoriser à communiquer avec famille et son avocat. Elle prévoit aussi le droit des familles de connaître les circonstances de la disparition et le sort de la personne disparue, ainsi que le droit des victimes d'obtenir réparation pour le tort subi.

Les conventions de Genève sont des traités internationaux, de droit international humanitaire, qui visent à protéger les personnes qui ne participent pas ou plus aux hostilités en cas de conflit armé. Il existe quatre conventions de Genève, adoptées en 1949, et trois protocoles additionnels, adoptés en 1977 et 2005.

- La première convention de Genève concerne l'amélioration du sort des blessés et des malades dans les forces armées en campagne. Elle prévoit le respect et la protection des personnes qui portent secours aux blessés et des établissements sanitaires. Elle prévoit en son article 12 que les femmes doivent être traitées avec tous les égards dus à leur sexe.

- La deuxième convention de Genève concerne l'amélioration du sort des blessés, des malades et des naufragés des forces armées sur mer. Elle prévoit les mêmes principes que la première convention, mais adaptés au contexte maritime. Son article 12 prévoit aussi l'obligation de traiter les femmes avec tous les égards dus à leur sexe.

- La troisième convention de Genève concerne le traitement des prisonniers de guerre. Elle définit le statut, les droits et les obligations des prisonniers de guerre, ainsi que les responsabilités des puissances détentrices. Elle prévoit que les femmes prisonnières de guerre doivent bénéficier d'un traitement égal à celui des hommes, mais aussi de conditions d'hygiène, d'alimentation, de vêtements, de logement et de soins médicaux adaptés à leur sexe, (art. 14, 25, 29, 88, 97, 108).

- La quatrième convention de Genève concerne la protection des personnes civiles en temps de guerre. Elle prévoit le respect et la protection des civils qui se trouvent sous le contrôle d'une partie adverse ou qui sont dans un territoire occupé. Elle interdit notamment les violences, les traitements inhumains, les déportations, les prises d'otages, les pillages et les destructions arbitraires. Elle prévoit que les femmes civiles doivent être spécialement protégées contre toute atteinte à leur honneur, notamment contre le viol, la contrainte à la prostitution et tout attentat à leur pudeur, (art. 27). Elle prévoit également que les femmes enceintes et les mères d'enfants de moins de sept ans doivent bénéficier d'un traitement préférentiel (art. 38, 50).

- Le premier protocole additionnel aux conventions de Genève concerne la protection des victimes des conflits armés internationaux. Il complète et développe les règles existantes sur la conduite des hostilités, la protection des civils, le respect du droit humanitaire par les mouvements de libération nationale et l'assistance humanitaire. Il prévoit que les femmes doivent être l'objet d'un respect particulier et qu'elles doivent être protégées notamment contre le viol, la prostitution forcée et tout autre forme d'atteinte grave à leur dignité (art. 76).

- Le deuxième protocole additionnel aux conventions de Genève concerne la protection des victimes des conflits armés non internationaux. Il s'applique aux situations de guerre civile ou de lutte armée contre une puissance coloniale ou étrangère. Il prévoit le respect et la protection des personnes qui ne prennent pas part ou ont cessé de prendre part aux hostilités, ainsi que l'interdiction des actes de violence contre ces personnes. Il contient également la même disposition sur le respect et la protection des femmes que le premier protocole, [art. 4(2)(e)].

- Le troisième protocole additionnel aux conventions de Genève concerne l'adoption d'un signe distinctif additionnel. Il permet l'utilisation du cristal rouge comme emblème protecteur du droit humanitaire, en plus de la croix rouge et du croissant rouge. Il vise à faciliter l'accès aux victimes des conflits armés par les organisations humanitaires neutres et impartiales.

L'Organisation internationale du travail (OIT) aborde aussi les droits des femmes à travers plusieurs axes, notamment :

- La promotion et la mise en œuvre des normes internationales du travail qui garantissent l'égalité de rémunération, la non-discrimination, la protection de la maternité et la conciliation entre le travail et les responsabilités familiales.

- La création d'emplois décents et productifs pour les femmes, en tenant compte de leurs besoins spécifiques et de leurs potentiels, et en favorisant leur accès à l'éducation, à la formation, au crédit, aux marchés et aux technologies.

- L'amélioration de la protection sociale des femmes, en particulier celles qui travaillent dans l'économie informelle, le secteur rural ou les secteurs exposés à la violence, au harcèlement ou à l'exploitation.

- Le renforcement du dialogue social et du tripartisme entre les gouvernements, les employeurs et les travailleurs, en veillant à la participation effective des femmes aux processus de négociation, de consultation et de prise de décision.

L'OIT s'efforce également d'intégrer la perspective de genre dans toutes ses activités, programmes et politiques, en analysant systématiquement les effets différenciés sur les hommes et les femmes, et en adoptant des mesures visant à réduire les inégalités. Il existe par ailleurs des conventions de OIT spécifiques aux femmes. Il s'agit notamment de :

- La Convention sur l'égalité de rémunération, 1951 (no. 100) qui vise à assurer l'égalité de rémunération entre les travailleurs masculins et féminins pour un travail de valeur égale, sans discrimination fondée sur le sexe. Elle prévoit que les États parties doivent adopter des mesures législatives, administratives ou autres pour garantir l'application du principe de l'égalité de rémunération dans tous les secteurs d'activité, publics ou privés.

- La Convention relative à la discrimination (emploi et profession),1958 (no.111) qui vise à éliminer toutes les formes de discrimination fondée sur la race, la couleur, le sexe, la religion, l'opinion politique, l'ascendance nationale ou l'origine sociale dans l'accès à l'emploi, la formation professionnelle, la promotion, les conditions de travail et la sécurité sociale. Elle prévoit que les États parties doivent déclarer et poursuivre une politique nationale visant à promouvoir l'égalité des chances et de traitement dans ces domaines, en coopération avec les organisations d'employeurs et de travailleurs.

- La Convention sur les travailleurs exerçant des responsabilités familiales, 1981 (no. 156) qui vise à faciliter la conciliation entre le travail et les responsabilités familiales des travailleurs ayant des personnes à charge. Elle prévoit que les États parties doivent adopter des mesures visant à permettre aux travailleurs exerçant des responsabilités familiales d'exercer leur droit à travailler sans être soumis à une discrimination fondée sur leur situation familiale, et à assurer leur participation effective à la vie économique et sociale. Ces mesures peuvent concerner notamment la protection de la maternité, le congé parental, le temps de travail, la sécurité sociale, les services sociaux et les services de garde d'enfants.

- La Convention sur la protection de la maternité, 2000 (no. 183) qui vise à protéger la santé et le bien-être des femmes enceintes, accouchées ou allaitantes et de leurs enfants. Elle prévoit que les États parties doivent garantir aux femmes un congé de maternité d'au moins 14 semaines, avec une allocation suffisante financée par la sécurité sociale ou d'autres sources publiques. Elle prévoit également que les femmes doivent bénéficier d'une protection contre le licenciement lié à leur grossesse ou à leur congé de maternité, d'un droit au retour à leur emploi ou à un emploi équivalent après leur congé, d'une protection contre les risques professionnels liés à leur état, et d'un droit à des pauses pour allaiter pendant le temps de travail.

Il importe de souligner que l'ensemble de ces instruments ont été régulièrement ratifiés ou approuvés par le Burkina Faso.

2- Des engagements politiques pour l' « *empowerment* » au féminin

Les droits des femmes ont été au centre d'une série de conférences internationales qui ont donné lieu à d'importants engagements politiques au niveau mondial. Il en est ainsi :

En 1975, **du plan d'action de la conférence internationale de Mexico sur les droits des femmes,** étant la première conférence mondiale sur les femmes organisée par les Nations Unies. Ce plan fournit des lignes directrices pour l'action nationale au cours de la période de 10 ans allant de 1975 à 1985, dans le cadre d'un effort soutenu et à long terme pour atteindre les objectifs de l'Année internationale de la femme. Les recommandations d'action nationale s'adressaient en premier lieu aux gouvernements, aux institutions publiques et privées, aux organisations de femmes et de jeunes, aux employeurs, aux syndicats, aux moyens de communication de masse, aux organisations non gouvernementales, aux partis politiques et à d'autres groupes. Ce plan d'action était centré sur trois objectifs principaux en matière d'égalité, de paix et de développement pour la Décennie des Nations Unies pour la femme, à savoir :

- La pleine égalité des sexes et l'élimination de la discrimination basée sur le genre ;
- L'intégration et la pleine participation des femmes au développement ;
- La contribution accrue des femmes au renforcement de la paix dans le monde.

Ce plan d'action comprenait également des mesures spécifiques visant l'amélioration de la situation des femmes notamment dans les domaines de l'éducation et la formation, l'emploi, la santé, la planification familiale, la participation politique et sociale, les droits civils, le rôle des médias, la recherche et les statistiques, les mécanismes institutionnels pour la promotion de la femme. Ce plan a été considéré comme un jalon historique dans les efforts mondiaux pour la promotion de l'égalité des sexes. Il a ouvert un dialogue international sur les problèmes auxquels sont confrontées les femmes dans le monde entier et a jeté les bases des conférences mondiales ultérieures sur les femmes à Copenhague (1980), Nairobi (1985) et Beijing (1995).

En 1980, du **programme d'action de la Conférence internationale sur les femmes de Copenhague qui est intervenue dans le cadre de la Décennie des Nations Unies pour la femme (1976-1985)**. Cette Conférence avait pour objectif d'évaluer les progrès accomplis dans la mise en œuvre des objectifs de la conférence de Mexique, dans les domaines de l'emploi, la santé et l'éducation. Le programme qui en est résulté préconise des mesures nationales plus fortes visant à garantir aux femmes la propriété et le contrôle de leurs biens et à améliorer la sauvegarde de leurs droits en matière d'héritage, de garde d'enfants et de nationalité. Ce programme souligne également l'importance de l'élimination de toutes les formes de discrimination à l'égard des femmes, de la promotion de leur participation à tous les niveaux de prise de décision, et de la reconnaissance de leur contribution au développement économique et social. La conférence a permis de renforcer le dialogue international sur les questions relatives aux femmes et de préparer le terrain pour la troisième conférence mondiale sur les femmes, qui s'est tenue à Nairobi en 1985.

En 1985, **des Stratégies prospectives d'action de Nairobi pour la promotion de la femme adoptée lors de la Conférence de Nairobi sur les droits des femmes, dans le cadre de la Décennie des Nations Unies pour la femme (1976-1985)**. Cette conférence avait pour objectif de dresser l'inventaire des progrès réalisés depuis la première Conférence de Mexico et les obstacles rencontrés dans la recherche, entre autres, de l'égalité et de regrouper les moyens pour la promotion de la femme. Ces Stratégies prospectives d'action contiennent des mesures visant à concrétiser l'égalité des sexes au niveau national et à promouvoir la participation des femmes dans les efforts de paix et de développement. Elles se concentrent sur trois domaines prioritaires, à savoir :

- L'égalité : il s'agit d'assurer aux femmes l'égalité des droits, des responsabilités et des opportunités dans tous les aspects de la vie, notamment dans les domaines juridique, politique, économique, social et culturel.
- Le développement : il s'agit de reconnaître et de valoriser la contribution des femmes au développement, ainsi que de leur garantir un accès équitable aux ressources, aux services et aux avantages du développement.
- La paix : il s'agit de renforcer le rôle des femmes dans la prévention et la résolution des conflits, ainsi que dans la promotion d'une culture de paix fondée sur le respect des droits humains, la justice sociale et la coopération internationale.

La conférence de Nairobi a également identifié six domaines spécifiques d'action, à savoir : les femmes, la santé et la planification familiale, les femmes et l'éducation, les femmes et l'emploi, les femmes rurales, les femmes dans les situations critiques, les femmes et l'environnement. Cette conférence a été considérée comme un succès, car elle a permis de renforcer le consensus international sur les questions relatives aux femmes et de mobiliser l'engagement politique et financier des gouvernements, des organisations internationales et de la société civile. Elle a aussi préparé le terrain pour la quatrième conférence mondiale sur les femmes, qui s'est tenue à Beijing en 1995. Elle a permis la création officielle de l'Institut de recherche internationale pour la promotion de la femme (INSTRAW) et du Fonds des Nations Unies pour la femme (UNIFEM).

En 1995, **de la Déclaration et le Programme d'action à la quatrième Conférence mondiale sur la femme à Beijing** qui a marqué un tournant important dans le programme mondial pour l'égalité des sexes. La conférence a adopté à l'unanimité ces instruments qui forment un programme pour l'autonomisation des femmes, considéré comme le principal document de politique mondiale en matière d'égalité des sexes. Il comporte un ensemble d'objectifs stratégiques visant l'élimination des discriminations à l'égard des femmes et l'égalité entre les femmes et les hommes. On retient essentiellement :

- La fixation d'objectifs et d'actions stratégiques pour la promotion de la femme et la réalisation de l'égalité des sexes, dans 12 domaines de préoccupation, que sont : la pauvreté, l'éducation, la santé, la violence, les conflits armés, l'économie, la prise de décisions, les mécanismes institutionnels pour la promotion de la femme, les droits fondamentaux, les médias, l'environnement et les jeunes filles.
- Le renforcement du consensus international sur les questions relatives aux femmes et la mobilisation d'engagement politique et financier des gouvernements, des organisations internationales et de la société civile pour mettre en œuvre le Programme d'action de Beijing.
- La reconnaissance que les droits des femmes sont des droits humains et que l'égalité entre les sexes est une question d'intérêt universel qui profite à tous.
- L'introduction de l'approche de genre, qui reconnaît que toute la structure de la société et toutes les relations entre les femmes et hommes au sein de cette structure doivent être réévaluées pour assurer aux femmes l'égalité des droits, des responsabilités et des opportunités dans tous les aspects de la vie.

La conférence a été la plus importante des quatre conférences sur les femmes organisées entre 1975 et 1995, car elle s'appuie sur les accords politiques conclus lors des trois précédentes et consolide cinq décennies de progrès juridiques destinés à assurer l'égalité des femmes et des hommes, en droit et en pratique.

Le Burkina Faso a participé aux quatre conférences mondiales sur les femmes et s'est engagé à mettre en œuvre le Programme d'action de Beijing. Le rapport national du Burkina Faso sur Beijing + 25[25] a été une occasion de plus pour présenter les progrès significatifs réalisés par le pays dans la mise en œuvre du Programme d'action de Beijing dans plusieurs domaines, mais aussi de relever les difficultés rencontrées parmi lesquelles trônent les pesanteurs socioculturelles qui entravent la lutte contre les violences faites aux femmes et au filles, pourtant persistantes. A l'occasion, la réalité des stéréotypes sexistes au Burkina Faso et les obstacles que ceux-ci constituent dans le cadre général de la promotion des droits des femmes ont été soulignés. Il a été rappelé, de même, la persistance des inégalités entre les femmes et les hommes, la faible participation des femmes aux instances de prise de décision aux niveaux national et local.

D'autres conférences ont abouti à l'adoption d'engagements politiques importants touchant les droits des femmes. Il en est ainsi de :

La Conférence de Vienne sur les droits de l'homme, en 1993, qui a donné lieu à une Déclaration et un Programme d'action. Un chapitre entier a été consacré aux droits des femmes dans sa Déclaration et son Programme d'action. Elle proclame que « *les droits fondamentaux des femmes et des fillettes font inaliénablement, intégralement et indissociablement partie des droits universels* ». Aussi, un accent particulier a été mis sur la nécessité d'éliminer toutes les formes de violence sexiste. Cette déclaration appelle également « *à venir à bout des contradictions qu'il peut y avoir entre les droits des femmes et les effets préjudiciables de certaines pratiques traditionnelles ou coutumières et des préjugés culturels et de l'extrémisme religieux* ». Il a été affirmé, à l'occasion, que :

- Les droits humains des femmes et des fillettes sont une partie inaliénable, intégrante et indivisible des droits universels de l'homme. La pleine et égale participation des femmes à la vie politique, civile, économique, sociale et culturelle, aux niveaux national, régional et international, et l'élimination de toutes les formes de discrimination fondées sur le sexe sont des objectifs prioritaires de la communauté internationale (paragraphe 18).

- La violence et toutes les formes de harcèlement et d'exploitation sexuelle, y compris celles résultant de préjugés culturels et du trafic international, sont incompatibles avec la dignité et la valeur de la personne humaine et doivent être éliminées. La Conférence mondiale appelle tous les États à prendre des mesures efficaces pour prévenir et combattre ces actes, à poursuivre en justice les auteurs de ces actes et à assurer la protection des victimes (paragraphe 38).

- La Conférence souligne l'importance du travail des organisations non gouvernementales pour la promotion et la protection des droits de l'homme, y compris ceux des femmes. Elle reconnaît également le rôle important que jouent les femmes dans ces organisations (paragraphe 39).

- La Conférence recommande que le Secrétaire général nomme un rapporteur spécial chargé d'examiner les questions relatives à la violence contre les femmes (paragraphe 84).

- La Conférence encourage la ratification universelle de la Convention sur l'élimination de toutes les formes de discrimination à l'égard des femmes et demande aux États parties d'envisager d'y adhérer sans réserve ni retard (paragraphe 85).

La Conférence internationale sur la population et le développement, tenue au Caire en 1994. Elle a adopté un Programme d'action qui reconnaît les liens entre la population et le développement et met l'accent sur la satisfaction des besoins individuels des femmes et des hommes, plutôt que sur la réalisation des objectifs démographiques. Elle intègre dans son programme d'action des questions fondamentales liées aux droits des femmes et proclame que *« réaliser l'égalité et l'équité entre les hommes et les femmes et permettre aux femmes de s'épanouir pleinement, ainsi qu'éliminer toutes les formes de violence contre les femmes et faire en sorte qu'elles puissent maîtriser leur fécondité, sont à la base des programmes dans le domaine de la population et du* *développement* ». Le Programme d'action affirme que les droits humains des femmes et des filles sont une partie inaliénable, intégrante et indivisible des droits universels de l'homme, et que la pleine et égale participation des femmes à la vie politique, civile, économique, sociale et culturelle est une priorité pour la communauté internationale. Il appelle également à l'élimination de toutes les formes de violence et de discrimination à l'égard des femmes, à l'accès universel à la santé reproductive, à l'éducation et à l'autonomisation des femmes.

Le Programme d'action de cette conférence est considéré comme faisant partie des documents fondateurs pour la promotion et la protection des droits des femmes dans le monde.

Les **Objectifs du Millénaire pour le Développement (OMD)** adoptés en 2000 à l'occasion du Sommet du Millénaire à New York. Au total huit objectifs ont été adopté pour réduire la pauvreté, la faim, la maladie, l'illettrisme, la dégradation de l'environnement et les discriminations à l'égard des femmes d'ici 2015. Il s'agit notamment de : éradiquer l'extrême pauvreté et la faim (1), assurer l'éducation primaire pour tous (2), promouvoir l'égalité des sexes et l'autonomisation des femmes (3), réduire la mortalité infantile (4), améliorer la santé maternelle (5), combattre le VIH/sida, le paludisme et d'autres maladies (6), assurer un environnement durable (7) et mettre en place un partenariat mondial pour le développement (8). Par la suite, soit en 2015, les gouvernements se sont accordés autour d'un programme ambitieux comprenant 17 nouveaux objectifs comportant toujours la question de l'égalité des sexes et de l'autonomisation des femmes et des filles.

La Conférence des Nations Unies sur le développement durable en 2012, au cours de laquelle les Chefs d'États et de Gouvernement ont réaffirmé la détermination des États « *à assurer à la femme les mêmes droits, les mêmes accès et les mêmes possibilités de participation et de prise de décisions dans les domaines économique, social et politique qu'à* *l'homme* ». Ils ont aussi appelé à l'abrogation de toutes les législations discriminatoires. De façon globale :

- La conférence a réaffirmé que l'égalité des sexes et l'autonomisation des femmes sont essentielles pour réaliser le développement durable et a appelé à renforcer les politiques, les institutions et les mécanismes qui favorisent l'égalité des chances et la participation des femmes à tous les niveaux de prise de décision (paragraphe 40).

- La conférence a reconnu que l'accès universel à la santé reproductive, y compris la planification familiale, est un élément important du développement durable et a demandé aux gouvernements de respecter, de protéger et de promouvoir les droits humains des femmes et des filles (paragraphe 145).

- La conférence a souligné le rôle crucial des femmes dans la gestion durable des ressources naturelles, notamment l'eau, les forêts, l'énergie et la biodiversité, et a encouragé les mesures visant à renforcer les capacités, le leadership et l'entrepreneuriat des femmes dans ces domaines (paragraphes 120, 123, 129 et 197).

- La conférence a appuyé l'initiative « Énergie durable pour tous », qui vise à assurer l'accès universel à des services énergétiques modernes, à doubler le taux d'amélioration de l'efficacité énergétique et à doubler la part des énergies renouvelables dans le bouquet énergétique mondial d'ici 2030. La conférence a reconnu que cette initiative peut avoir des effets positifs sur la santé, l'éducation et le bien-être des femmes et des filles (paragraphe 127).

- La conférence a salué le travail des organisations de femmes et de la société civile pour promouvoir le développement durable et a appelé à renforcer leur participation aux processus décisionnels aux niveaux local, national, régional et mondial (paragraphes 43 et 76).

B. Un dispositif institutionnel promoteur

Le système des Nations Unies regorge de nombreux organes et mécanismes intervenant en matière de promotion et de protection des droits de l'homme en général et ceux de la femme en particulier. Les droits des femmes suscitent des questionnements transversaux qui interpellent tous les comités des droits de l'homme. Ainsi, chacun des comités mis en place est amené à aborder les droits des femmes dans le cadre de son mandat et de la convention qu'il surveille. Le Burkina Faso est partie à l'essentiel des conventions relatives aux droits de l'homme qui sont surveillées par les comités existants.

Avant de s'intéresser aux organes des traités, il y a lieu de relever que le **Haut-Commissariat des Nations Unies aux droits de l'homme (HCDH)** qui est un département du Secrétariat des Nations Unies a aussi pour mission de promouvoir et de protéger les droits de l'homme pour tous, conformément à la Charte des Nations Unies et à la Déclaration universelle des droits de l'homme. Il assure le secrétariat des organes des Nations Unies qui s'occupent des droits de l'homme. Il fournit un appui administratif et technique aux organes des traités, facilite le dialogue avec les parties prenantes et assure la diffusion des travaux et recommandations. Il contribue à renforcer la coopération entre les différents organes des traités et les autres mécanismes des droits de l'homme de l'ONU.

Le HCDH a son siège à Genève et dispose de bureaux régionaux et de pays dans le monde entier. Il est présent au Burkina Faso et soutient les efforts nationaux visant à promouvoir et à protéger les droits des femmes et l'égalité des genres.

Le HCDH a déjà abordé les droits des femmes et les stéréotypes liés au genre à plusieurs reprises. Par exemple, en 2014, il a publié un document sur les stéréotypes liés au genre et les droits des femmes, ainsi qu'un rapport sur l'élimination des stéréotypes judiciaires dans les affaires de violence fondée sur le genre[26].

Le HCDH collabore avec les autorités, la société civile, les agences des Nations Unies et d'autres partenaires pour renforcer les capacités, fournir des conseils techniques, surveiller et documenter la situation des droits de l'homme, et plaider en faveur du respect des normes internationales. Il a notamment appuyé, au Burkina Faso, la mise en place d'un mécanisme national de prévention et de lutte contre la violence basée sur le genre, ainsi que la révision du Code pénal pour y intégrer les dispositions relatives aux violences basées sur le genre.

La Commission sur la condition de la femme est un organe intergouvernemental des Nations Unies qui se consacre exclusivement à la promotion de l'égalité des sexes et à l'autonomisation des femmes. Elle a été créée en 1946 par le Conseil économique et social des Nations Unies (ECOSOC) et est composée de 45 États membres élus pour un mandat de quatre ans. La commission joue un rôle important dans l'élaboration des normes mondiales relatives aux droits des femmes et dans le suivi de la mise en œuvre de la Déclaration et du Programme d'action de Beijing, qui est le principal cadre international pour l'égalité des sexes.

La commission se réunit chaque année en mars au siège des Nations Unies à New York pour une session de deux semaines. Au cours de cette session, la commission examine un thème prioritaire lié à la situation des femmes dans le monde, ainsi qu'un thème d'examen portant sur les progrès réalisés depuis une session antérieure. La commission adopte des conclusions concertées sur ces thèmes, qui contiennent des recommandations aux États, aux entités des Nations Unies et à la société civile pour accélérer les progrès vers l'égalité des sexes et l'autonomisation des femmes. La commission tient également un débat général sur la situation des femmes, organise des tables rondes ministérielles et des dialogues interactifs avec les hauts fonctionnaires des Nations Unies, et entend les rapports des organes conventionnels et des procédures spéciales relatifs aux droits des femmes.

La commission bénéficie du soutien de l'ONU Femmes, qui est l'entité des Nations Unies pour l'égalité des sexes et l'autonomisation des femmes. Elle a été créée en 2010 pour accélérer les progrès vers la réalisation des droits fondamentaux des femmes et des filles. Elle soutient des programmes, des politiques et des normes visant à éliminer la discrimination, à mettre fin à la violence, à assurer la participation des femmes à la vie politique et économique, à promouvoir la paix et la sécurité, et à atteindre les objectifs de développement durable. Elle travaille avec les gouvernements, les organisations de la société civile, le secteur privé, les médias, les jeunes et d'autres partenaires pour faire avancer l'égalité des genres. Elle assure également le secrétariat de la commission et prépare les documents de base, les rapports analytiques et les projets de résolution.

Le Conseil des droits de l'homme créé en 2006, il est le principal organe intergouvernemental du système des Nations Unies intervenant en la matière. Composé de 47 États, il a la responsabilité de renforcer la promotion et la protection des droits de l'homme dans le monde. Il a la capacité de débattre de toutes les questions et situations thématiques relatives aux droits de l'homme qui requièrent son attention tout au long de l'année. Il réunit régulièrement des groupes spéciaux sur les droits des femmes et sur l'intégration de la problématique femme-homme. Le Conseil appelle régulièrement les États à s'acquitter de leurs obligations relatives aux droits des femmes.

Le Conseil offre d'importantes occasions d'évaluation des États dans l'acquittement de leurs obligations internationales en matière des droits de l'homme en général et ceux de la femme en particulier. L'examen périodique universel (EPU) est l'un de ses mécanismes qui lui permet d'évaluer la situation des droits de l'homme dans tous les pays membres de l'ONU et ce, tous les quatre ans et demi. Il s'agit d'un processus participatif et coopératif, basé sur le dialogue et les recommandations entre les États, avec la contribution des parties prenantes, telles que les organisations de la société civile, les institutions nationales des droits de l'homme, les organismes des Nations Unies et les experts indépendants. L'EPU vise à encourager, soutenir et renforcer la promotion et la protection des droits de l'homme dans chaque pays, en tenant compte de leurs spécificités nationales et régionales.

Chaque session de l'EPU constitue une occasion pour le Burkina Faso de présenter un rapport sur la situation des droits humains.

Dans le cadre de cet examen, le Conseil des droits de l'homme a eu l'occasion de se prononcer sur la situation des femmes au Burkina Faso. Ainsi en 2018, lors du troisième cycle pour le Burkina Faso, le Conseil a formulé plusieurs recommandations visant à améliorer les droits des femmes dans le pays, notamment en matière d'éducation, de santé, de participation politique, de lutte contre les violences et les mutilations génitales féminines, et de promotion de l'égalité et de la parité. De façon spécifique, il a été recommandé d'amender le Code des personnes et de la famille en fixant l'âge minimum au mariage à 18 ans à la fois pour les garçons et pour les filles ; d'adopter une stratégie et un plan d'actions clairs pour prévenir toutes les formes de violence contre les femmes, avec un accent particulier sur l'éradication des pratiques coutumières qui portent atteinte aux droits de la femme telles que les mutilations génitales féminines et les mariages forcés ou précoces, le viol conjugal, les violences domestiques et les exclusions sociales pour allégations de sorcellerie ; de mettre en place des politiques publiques inclusives en matière d'accès à l'emploi en ciblant les femmes.

Le Conseil des Droits de l'Homme dispose aussi de procédures spéciales portant spécifiquement sur les droits des femmes. Les procédures spéciales regroupent des experts indépendants, tels que des rapporteurs spéciaux, des représentants spéciaux, des experts indépendants ou des groupes de travail, qui examinent des situations ou des questions thématiques relatives aux droits de l'homme dans tous les pays ou régions du monde. Ils peuvent effectuer des visites sur le terrain, recevoir des plaintes individuelles, dialoguer avec les gouvernements et les parties prenantes, et présenter des rapports et des recommandations au Conseil.

Il existe plusieurs mandats thématiques qui sont spécifiques aux droits des femmes ou qui les intègrent dans leur champ d'action. On peut s'attarder sur :

- Le Groupe de travail sur la question de la discrimination à l'égard des femmes et des filles : ce mandat a pour objectif de promouvoir l'élimination de la discrimination à l'égard des femmes et des filles dans la législation, les politiques et les pratiques, et d'identifier les bonnes pratiques pour y parvenir.

- Le Rapporteur spécial sur la violence contre les femmes, ses causes et ses conséquences : ce mandat vise à recueillir et à analyser des informations sur toutes les formes de violence contre les femmes, à identifier les causes et les facteurs qui y contribuent, et à formuler des recommandations pour prévenir et éliminer cette violence.

- Le Rapporteur spécial sur le droit qu'a toute personne de jouir du meilleur état de santé physique et mentale possible : ce mandat aborde les questions relatives au droit à la santé des femmes et des filles, notamment en matière de santé sexuelle et reproductive, de santé maternelle, de violence fondée sur le genre, de mutilations génitales féminines, d'avortement, etc.

- Le Rapporteur spécial sur le droit à l'éducation : ce mandat traite des questions relatives au droit à l'éducation des femmes et des filles, notamment en matière d'accès, de qualité, de non-discrimination, d'égalité des chances, d'éducation inclusive, etc.

- Le Rapporteur spécial sur les formes contemporaines d'esclavage, y compris leurs causes et leurs conséquences : ce mandat examine les questions relatives aux formes contemporaines d'esclavage qui affectent principalement les femmes et les filles, telles que le travail forcé, la servitude domestique, le mariage forcé, la traite des êtres humains, l'esclavage sexuel, etc.

- Le Rapporteur Spécial sur la traite des êtres humains, en particulier les femmes et les enfants : Ce mandat s'intéresse aux violations des droits humains relativement aux victimes de la traite. Il collabore à cet effet avec de nombreuses instances juridiques, politiques et la société civile.

Certains mandats thématiques du Conseil des droits de l'homme se sont intéressés à la situation des femmes au Burkina Faso, notamment dans le cadre de leurs visites dans le pays ou de leurs communications avec le gouvernement.

Le Comité pour l'élimination de la discrimination à l'égard des femmes (CEDEF) est l'organe chargé de veiller à l'application de la Convention sur l'élimination de toutes les formes de discrimination à l'égard des femmes (1979) et de son Protocole facultatif (1999). Il est composé d'experts indépendants chargés de surveiller l'application de la Convention sur l'élimination de toutes les formes de discrimination à l'égard des femmes. Le protocole facultatif de ladite Convention permet aux individus ou aux groupes de saisir le Comité CEDEF de plaintes pour violation de leurs droits.

Le Comité est composé de 23 experts en droits des femmes de différents pays et régions du monde. Les membres du comité sont élus par les États parties à la Convention pour un mandat de quatre ans. Ils agissent à titre personnel et ne représentent pas leur pays d'origine.

Le comité se réunit deux fois par an à Genève pour examiner les rapports présentés par les États parties sur les mesures qu'ils ont prises pour respecter les droits des femmes. Le rôle du Comité est de promouvoir et de protéger les droits des femmes dans le monde, en veillant au respect de la Convention par les États parties. Il contribue aussi à l'élaboration de normes et de principes internationaux sur les droits des femmes, en adoptant des recommandations générales sur des thèmes spécifiques liés à la Convention.

Le comité émet des observations finales avec des recommandations pour chaque État partie dont le rapport a été examiné. Le Comité peut aussi recevoir des plaintes individuelles ou collectives de personnes ou de groupes qui se disent victimes de violations de leurs droits par un État partie. Il peut mener des enquêtes sur des situations graves ou systématiques de violations des droits des femmes dans certains pays.

Constituant le principal organe chargé de promouvoir les droits des femmes et l'égalité des genres, le Comité a adopté plusieurs recommandations générales sur des thèmes tels que la violence contre les femmes, les femmes dans les conflits armés, les femmes migrantes, les femmes rurales, les femmes handicapées, les femmes autochtones, etc.

Le Comité CEDEF a contribué à la consécration des principes d'égalité et de non-discrimination comme étant des normes fondamentales du droit international des droits de l'homme, même s'il reste encore des défis à relever pour assurer leur respect effectif dans tous les pays.

Le Comité a aussi examiné des plaintes individuelles portant sur des violations des droits civils et politiques liées aux stéréotypes de sexe. Par exemple, dans l'affaire *Karen Tayag Vertido c. Philippines (2010)*, dans laquelle la plaignante avait vu son violeur acquitté par la justice philippienne qui avait remis en cause sa crédibilité en se fondant sur des stéréotypes, le Comité a conclu que l'État partie a violé le droit de la victime à un procès équitable en raison du recours à des stéréotypes sexistes. Le Comité a estimé que « l*e recours à ces stéréotypes par le juge du fond n'est pas seulement discriminatoire à l'égard de l'auteure, mais il soulève également de sérieux doutes quant à son impartialité* »[27].

Le Comité examine régulièrement les rapports périodiques présentés par les États parties sur les mesures qu'ils ont adoptées pour donner effet aux dispositions de la Convention. Il émet des observations finales qui contiennent des appréciations positives ainsi que des préoccupations et des recommandations. Le Comité a examiné le septième rapport périodique du Burkina Faso sur la mise en œuvre de la Convention CEDEF lors de sa soixante-quatrième session, qui s'est tenue en 2017. Le Comité a adopté ses observations finales le

17 novembre 2017, dans lesquelles il a félicité le pays pour ses efforts visant à promouvoir les droits des femmes et l'égalité des genres, tout en exprimant sa préoccupation face aux nombreux obstacles et défis persistants. Le Comité a formulé des recommandations concrètes au Burkina Faso sur les mesures à prendre pour améliorer la situation des droits des femmes et des filles dans le pays. Il a exhorté à l'élimination des stéréotypes sexistes et des obstacles culturels qui entravent l'égalité des genres. Il a également demandé au Burkina Faso de renforcer son cadre juridique et institutionnel pour protéger les droits des femmes, notamment en matière de santé reproductive, d'accès à la justice, de lutte contre la traite et d'autonomisation économique.

Dans ses observations finales sur le rapport du Burkina Faso en 2017, le Comité CEDEF a exprimé sa préoccupation face à « *la persistance de stéréotypes discriminatoires envers les femmes dans l'État partie, comme en témoigne le fait que la prise de décisions est exclusivement l'apanage des hommes tant dans la sphère publique que privée, les femmes étant cantonnées dans le rôle de génitrices.* ». Il a aussi appelé l'attention de l'État sur « *le lien entre la subordination des femmes au sein de la famille et de la société, leur faible niveau d'instruction, la pauvreté qui les touche davantage, et les niveaux élevés de violences sexistes perpétrées contre elles, en particulier les violences sexuelles et les violences familiales* ». Il a réitéré son inquiétude face au constat que « *de telles violences sont apparemment légitimées socialement et s'accompagnent d'une culture du silence et de l'impunité, et que les victimes n'ont que des moyens limités d'obtenir assistance, protection ou réparation* ».

Le Comité des droits de l'homme (CDH) est l'organe chargé d'examiner le respect par les États parties du Pacte international relatif aux droits civils et politiques et de ses deux Protocoles facultatifs.

En 2016, le CDH a adopté une observation générale sur le droit à la vie, dans laquelle il a souligné que les États parties au PIDCP doivent respecter et protéger ce droit pour tous les êtres humains, sans distinction de sexe. Il a notamment affirmé que les États parties doivent prendre des mesures pour prévenir les homicides liés au genre, tels que les crimes d'honneur ou les féminicides, ainsi que pour garantir l'accès des femmes à des services de santé sexuelle et reproductive sûrs et légaux.

Le CDH s'est déjà prononcé sur les stéréotypes de sexe dans plusieurs de ses observations générales, recommandations finales et décisions individuelles. Par exemple, dans son observation générale n°28 sur l'égalité des droits entre les hommes et les femmes (2000), le Comité a affirmé que « les stéréotypes de rôles sexuels sont souvent à la base de la discrimination et doivent être combattus ». Le Comité a également souligné que les États parties au PIDCP ont l'obligation de prendre des mesures pour éliminer les stéréotypes de sexe qui entravent l'exercice des droits civils et politiques des femmes. Il a déclaré que ceux-ci doivent respecter et protéger les droits civils et politiques des femmes sans discrimination. Il a insisté sur le droit des femmes à participer à la vie publique, à être protégées contre la violence domestique, à bénéficier d'un accès égal à la justice et à disposer librement de leur corps et de leur sexualité.

Le Comité a également abordé la question des stéréotypes de sexe dans ses recommandations finales aux États parties, en leur demandant de prendre des mesures législatives, administratives, éducatives et autres pour prévenir et combattre lesdits stéréotypes qui nuisent aux droits des femmes et des hommes.

Dans ses observations finales adressées au Burkina Faso en 2016, le Comité a regretté *« le faible nombre de femmes dans les affaires publiques et à des postes de responsabilité dans le secteur privé. »* et que *« malgré l'introduction d'un quota de 30 % aux élections législatives et municipales et l'augmentation du nombre de femmes inscrites aux élections législatives de 2015, le nombre de femmes élues a régressé et reste extrêmement faible (art. 2, 3 et 26). »*. Le Comité a manifesté également ses préoccupations face à la subsistance de dispositions législatives discriminatoires à l'égard des femmes, le non-respect de l'âge minimum du mariage dans le cadre des mariages traditionnels ou religieux ; la prévalence des mariages forcés et des mariages précoces ; la persistance et la prévalence des mutilations génitales féminines, malgré leur incrimination depuis 1996 et les pratiques coutumières discriminatoires envers les femmes qui les empêchent de posséder des terres et d'hériter de leur mari. Il a déploré aussi le fait que « *le viol conjugal, tel que défini à l'article 14(2) de la loi n⁰ 061-2015/CNT, n'est incriminé que s'il est commis « de manière répétitive » ou lorsque le partenaire est dans une « incapacité physique quelconque d'accomplir une relation sexuelle » et qu'il n'est sanctionné que d'une amende (art. 3 et 7)* ». En outre, le Comité a noté avec préoccupation « *les conditions contraignantes imposées pour accéder à l'avortement légal en cas de viol ou d'inceste, à savoir l'obtention d'une décision de justice reconnaissant l'infraction et un délai légal de dix semaines pour pratiquer une interruption volontaire de grossesse* » ; « *le recours par les femmes enceintes à des avortements à risque qui mettent en danger leur vie et leur santé en raison des obstacles légaux, de la stigmatisation et du manque d'information* » ; « *les informations faisant état de violences à l'égard des femmes qui abordent les questions de contraception avec leur partenaire et par le fait que le coût de la contraception, bien que largement subventionnée, constitue toujours un obstacle important à son accès* » ; « l'*inaccessibilité des services de santé sexuelle et reproductive dans certaines zones rurales, et le manque d'information en matière de contraception, et notamment de contraception d'urgence* ».

A l'occasion, il a formulé diverses recommandations à l'adresse du Burkina pour pallier ces insuffisances.

Le Comité des droits économiques, sociaux et culturels est l'organe chargé d'examiner le respect par les États parties du Pacte international relatif aux droits économiques, sociaux et culturels.

Composé également d'un groupe d'experts indépendant, il ouvre sa saisine aux victimes de violations de leurs droits économiques, sociaux et culturels qui n'ont pas obtenu justice dans leur pays. Le Comité peut examiner les plaintes individuelles ou collectives, ainsi que les situations de violations graves ou systématiques des droits prévus par le Pacte. Le Comité a affirmé que les États parties ont l'obligation de garantir aux femmes l'égalité d'accès aux ressources économiques, sociales et culturelles, ainsi qu'aux services publics[28]. Il a demandé aux États parties de prendre en compte les besoins spécifiques des femmes en matière de santé, d'éducation, de travail, de sécurité sociale, de culture et d'alimentation[29].

Le Comité a abordé les droits des femmes et les stéréotypes à plusieurs reprises dans ses travaux. A titre illustration :

- Dans son observation générale no 16 (2005) sur le droit égal de l'homme et de la femme de jouir de tous les droits économiques, sociaux et culturels, le Comité a affirmé que « *la discrimination fondée sur le sexe est souvent liée à d'autres facteurs qui affectent les droits économiques, sociaux et culturels des femmes, tels que la race, la couleur, la langue, la religion, l'opinion politique ou autre, l'origine nationale ou sociale, la fortune, la naissance ou toute autre situation* » et que « *les stéréotypes de genre sont souvent à l'origine de violations des droits économiques, sociaux et culturels des femmes* » .

- Dans son observation générale no 23 (2016) sur le droit à une vie digne, le Comité a souligné que « *les femmes sont souvent victimes de discrimination multiple et intersectionnelle en raison de leur sexe et d'autres motifs interdits* » et que « *les stéréotypes de genre peuvent avoir un impact négatif sur le droit à une vie digne des femmes en les empêchant d'accéder à l'éducation, au travail, à la santé et à d'autres droits économiques, sociaux et culturels* ».

- Dans ses observations finales adressées aux États parties, le Comité a formulé des recommandations spécifiques pour éliminer la discrimination, les stéréotypes fondés sur le sexe et pour promouvoir l'égalité entre les hommes et les femmes dans tous les domaines couverts par le Pacte.

Dans ses observations finales adressées au Burkina Faso en 2016, le Comité a regretté « *qu'en dépit des modifications apportées à la loi pour assurer l'égalité des sexes, dans la pratique, des inégalités perdurent entre hommes et femmes, notamment en raison de la persistance des stéréotypes sur le rôle des femmes et des hommes. Le Comité constate aussi avec inquiétude que les femmes vivant dans les zones rurales sont encore plus défavorisées* ». Il a de ce fait recommandé à l'État « *de mener, en collaboration avec les organisations de la société civile et les médias, des campagnes de sensibilisation de l'opinion publique en vue d'éliminer les stéréotypes de genre dans la famille et dans la société en général, dans l'intérêt des femmes comme des hommes. Il lui recommande de renforcer l'application des mesures visant à combattre la discrimination à l'égard des femmes, et d'adopter des mesures concrètes pour éliminer les inégalités persistantes entre les hommes et les femmes, en particulier les femmes en zone rurale, et de favoriser leur plein accès à l'éducation, à la santé et à la terre. Le Comité se réfère à cet égard à son observation générale n⁰ 16 (2005) sur le droit égal de l'homme et de la femme au bénéfice de tous les droits économiques, sociaux et culturels (art. 3).* ».

Le Comité des droits des personnes handicapées est l'organe chargé d'examiner le respect par les États parties de la Convention relative aux droits des personnes handicapées (2006) et de son Protocole facultatif.

Également composé d'experts indépendants, il examine les rapports périodiques que les États parties doivent lui soumettre, ainsi que les communications individuelles et les requêtes d'enquête qui lui sont adressées en vertu du Protocole facultatif. Le Comité adopte aussi des observations générales pour interpréter les dispositions de la Convention et formule des recommandations aux États parties pour améliorer la situation des droits des personnes handicapées.

Le Burkina Faso a soumis au Comité un rapport le 30 novembre 2018, dans lequel il rappelait la quasi-absence de protection spécifique des femmes en situation de handicap, lesquelles bénéficient des protections que les femmes non handicapées. À la suite, le Comité a dressé une liste de points à traiter par le Pays, dans laquelle il a sollicité de nombreuses informations sur les droits des femmes handicapées de façon spécifique.

Le Comité a eu l'occasion de s'exprimer sur cette lacune, dans ses observations finales à l'adresse de la France en 2021. En effet, il a relevé avec inquiétude « *L'insuffisance des mesures qui sont prises pour promouvoir l'égalité des sexes dans les lois et politiques relatives au handicap et pour défendre les droits des femmes et des filles handicapées dans les lois et politiques relatives à l'égalité des sexes, et le manque de consultation et de participation effectives des femmes et des filles handicapées dans le contexte d'initiatives telles que le Forum Génération Égalité 2021* ». Il a, de ce fait, recommandé à l'État concerné, « *D'intégrer les droits des femmes et des filles handicapées dans toutes les lois et politiques relatives à l'égalité des sexes et au handicap, et de promouvoir la participation effective des femmes et des filles handicapées, par l'intermédiaire des organisations qui les représentent, aux efforts déployés pour honorer les engagements pris pendant le Forum Génération Égalité.* »

Le Comité a également adopté une observation générale n° 3 (2016) sur les femmes et les filles handicapées, dans laquelle il souligne les défis spécifiques auxquels elles sont confrontées et les mesures à prendre pour garantir leur pleine participation et leur autonomisation. Elle a rappelé l'impact nocif des stéréotypes reposant tout à la fois sur le genre et le handicap sur les droits des femmes et filles handicapées.

Le Comité a affirmé que les femmes handicapées font face à des obstacles multiples et intersectionnels pour jouir pleinement de leurs droits humains. Il a appelé les États parties à adopter une approche fondée sur les droits de l'homme et sur le genre pour garantir l'égalité, l'autonomie, la participation et la non-discrimination des femmes handicapées.

Le Comité des droits de l'enfant (CDE) est l'organe chargé de surveiller la mise en œuvre de la Convention relative aux droits de l'enfant et de ses trois Protocoles facultatifs. Il a souligné que les filles sont particulièrement vulnérables à la discrimination et à la violence fondées sur le genre. Il a appelé les États parties à respecter et à protéger les droits spécifiques des filles, notamment le droit à l'éducation, à la santé, à l'identité, à la participation, ainsi qu'à être protégées contre toutes les formes d'exploitation et d'abus. Dans ses observations finales à l'adresse du Burkina Faso en 2010, le Comité a relevé la persistance de discriminations dont sont victimes les filles. Il a invité instamment l'État à « *être plus attentif au droit de chaque enfant à être entendu au sein de la famille, à l'école, dans les autres institutions et organismes, dans sa communauté et dans la société dans son ensemble, en se préoccupant plus particulièrement des stéréotypes sexuels et des valeurs patriarcales qui entravent et limitent la jouissance de ce droit par les filles.* ».

Le Comité pour l'élimination de la discrimination raciale (CEDR) est l'organe chargé de contrôler le respect de la Convention internationale sur l'élimination de toutes les formes de discrimination raciale (1965). Ce traité interdit la discrimination fondée sur la race, la couleur, l'ascendance ou l'origine nationale ou ethnique, y compris à l'égard des femmes appartenant à des groupes raciaux ou ethniques minoritaires ou marginalisés. Le Comité a souligné que les femmes appartenant à des groupes raciaux ou ethniques discriminés sont souvent victimes de formes multiples ou aggravées de discrimination fondée sur le genre et la race. Il a appelé les États parties à prendre des mesures pour prévenir et éliminer la violence, l'exploitation, la traite et le mariage forcé des femmes et des filles appartenant à ces groupes.

Le CERD a marqué sa préoccupation, dans ses observations finales sur le Burkina Faso en 2013, quant au « *fait que subsistent, au sein de certains groupes ethniques, des pratiques coutumières néfastes telles que le mariage forcé, les mutilations génitales féminines, le lévirat et le sororat, qui empêchent les femmes de jouir pleinement des droits prévus par la Convention.* ». Le Comité a également manifesté son inquiétude du fait de la persistance de la pratique d'exclusion sociale des femmes accusées de sorcellerie. Il a recommandé de prendre des mesures urgentes afin de mettre fin aux pratiques coutumières néfastes qui empêchent les femmes de jouir pleinement de leurs droits au sein de certains groupes ethniques, conformément à sa Recommandation générale no 25 (2000) concernant la dimension sexiste de la discrimination raciale.

Le Comité contre la torture (CCT) est l'organe chargé d'examiner le respect par les États parties de la Convention contre la torture et autres peines ou traitements cruels, inhumains ou dégradants et de son Protocole facultatif. Ce traité interdit toute forme de torture ou de mauvais traitements infligés aux femmes et aux hommes, et prévoit des mesures préventives et réparatrices.

Le CCT a reconnu que la torture et les mauvais traitements infligés aux femmes peuvent revêtir des formes spécifiques liées au genre, telles que le viol, les mutilations génitales féminines, les crimes d'honneur, le harcèlement sexuel, le mariage forcé, etc. Il a demandé aux États parties de prévenir et de réprimer ces pratiques, ainsi que d'assurer aux victimes une réparation adéquate.

Le CCT s'est inquiété, dans ses observations finales à l'adresse du Burkina Faso en 2019, des conditions de détention des femmes au sein de la maison d'arrêt et de correction de Ouagadougou, accompagnées de nourrissons et de jeunes enfants. Il a exhorté l'État à prendre toutes les mesures qui s'imposent afin de rendre les conditions de détention de l'ensemble de ses lieux de privation de liberté conformes en pratique aux Règles Nelson Mandela.

Le Sous-comité pour la prévention de la torture (SPT) a, quant à lui, souligné que les personnes privées de liberté sont exposées à un risque accru de torture et de mauvais traitements fondés sur le genre.

Il a demandé aux États parties de veiller à ce que les lieux de détention respectent les normes internationales en matière d'égalité des genres et de prévention de la violence sexuelle.

Le Comité pour la protection des droits de tous les travailleurs migrants et des membres de leur famille est l'organe chargé d'examiner le respect par les États parties de la Convention internationale sur la protection des droits de tous les travailleurs migrants et des membres de leur famille (1990). Il a indiqué que les travailleuses migrantes sont souvent exposées à des risques accrus de discrimination, d'exploitation et de violence fondées sur le genre. Il a recommandé aux États parties de prendre en compte la situation particulière des travailleuses migrantes dans leurs politiques migratoires et leurs mesures de protection.

Dans ses observations concernant le deuxième rapport périodique du Burkina Faso en 2022, le Comité a recommandé l'élaboration et la mise en œuvre d'« *un nouveau plan d'action national de lutte contre la traite des personnes, en particulier celle des femmes et des enfants, assorti d'indicateurs et d'objectifs mesurables, et comprenant notamment la collecte systématique de données ventilées sur le trafic et la traite des personnes* ».

Le Comité sur les disparitions forcées (CED) est l'organe chargé d'examiner le respect par les États parties de la Convention internationale pour la protection de toutes les personnes contre les disparitions forcées (2006). Ce traité interdit les disparitions forcées, qui sont des violations graves des droits de l'homme impliquant l'arrestation, la détention, l'enlèvement ou toute autre forme de privation de liberté d'une personne par des agents de l'État ou par des personnes agissant avec leur autorisation, leur soutien ou leur acquiescement, suivie du déni de la reconnaissance de la privation de liberté ou du refus de révéler le sort ou le lieu où se trouve la personne disparue. Ce traité reconnaît également que les femmes et les enfants sont particulièrement vulnérables aux disparitions forcées et prévoit des mesures spécifiques pour les protéger.

Dans ses observations finales à l'adresse du Burkina Faso en 2016, le Comité a souligné que *« les disparitions forcées ont des effets particulièrement cruels sur les droits des femmes et des enfants. Les femmes victimes de disparition forcée sont particulièrement vulnérables à la violence sexuelle et à d'autres formes de violence sexiste. Lorsqu'elles sont les parentes d'une personne disparue, les femmes sont particulièrement exposées à des conséquences sociales et économiques graves ainsi qu'à la violence, aux persécutions et aux représailles du fait des efforts qu'elles déploient pour localiser leur proche »*.

Le Conseil de sécurité de l'Organisation des Nations Unies a la responsabilité principale du maintien de la paix et de la sécurité internationales. Il peut prendre des décisions qui engagent les États membres. Ses résolutions sont des actes juridiques qui expriment la volonté du Conseil sur des questions relatives à la paix et à la sécurité, ainsi qu'à d'autres domaines relevant de sa compétence. Les résolutions sont adoptées par vote lors d'une séance officielle publique du Conseil de sécurité. Elles s'imposent à tous les États membres, en vertu de l'article 25 de la Charte de l'ONU[30]. Elles peuvent imposer des obligations aux États membres, créer des organes subsidiaires, autoriser des opérations de maintien de la paix ou des sanctions, ou recommander des actions collectives ou individuelles pour le règlement pacifique des différends.

Le Conseil de sécurité a adopté plusieurs résolutions sur les femmes, la paix et la sécurité, dont la première est la résolution 1325 (2000). Cette résolution reconnaît l'importance de la participation des femmes et la prise en compte de la dimension de genre dans les négociations de paix, dans la planification humanitaire, dans les opérations de maintien de la paix et dans la gouvernance et la consolidation de la paix consécutives à un conflit. Depuis lors, le

Conseil de sécurité a adopté bien d'autres résolutions sur ce thème [31], qui renforcent et élargissent le cadre normatif et opérationnel pour l'intégration des questions relatives aux femmes, à la paix et à la sécurité dans l'agenda du Conseil. Ces résolutions visent à promouvoir le leadership, la protection et l'autonomisation des femmes dans les situations de conflit et d'après-conflit.

La résolution 1325 du Conseil de sécurité des Nations unies constitue un document historique qui reconnaît l'impact des conflits armés sur les femmes et les filles, et qui appelle à leur protection et à leur participation aux processus de paix et de sécurité. Elle comporte quatre piliers principaux :

- La prévention : prévenir les conflits et les violences, notamment les violences sexuelles et autres basées sur le genre, en renforçant le rôle des femmes dans la prévention des conflits et en intégrant la perspective de genre dans les politiques et les programmes.
- La protection : protéger les droits des femmes et des filles pendant et après les conflits, en assurant leur accès à la justice, à la santé, à l'éducation et à l'aide humanitaire, et en luttant contre l'impunité des auteurs de violences.
- La participation : promouvoir la participation pleine et entière des femmes à tous les niveaux de prise de décision, notamment dans les négociations de paix, la médiation, le maintien de la paix, la reconstruction post-conflit et la gouvernance.
- Le relèvement : soutenir le relèvement durable des sociétés touchées par les conflits, en tenant compte des besoins spécifiques des femmes et des filles, et en favorisant leur autonomisation économique, sociale et politique.

La situation du Burkina Faso relativement à cette résolution est contrastée. En effet, le pays a élaboré un Plan d'Action National pour la mise en œuvre des résolutions 1325 et 1820 du Conseil de sécurité des Nations unies, avec l'appui technique du Bureau Régional du Haut-Commissariat des Nations Unies aux Droits de l'Homme. Ce plan vise à renforcer le cadre normatif et institutionnel pour la promotion du droit des femmes, la paix et la sécurité, ainsi qu'à mobiliser les ressources nécessaires pour sa mise en œuvre. Toutefois, le pays fait face à une situation sécuritaire importante, marquée par des attaques terroristes, des violences intercommunautaires et des déplacements forcés de populations. Ces conflits ont un impact disproportionné sur les femmes et les filles, qui sont exposées aux violences sexuelles et autres basées sur le genre, à la discrimination, à l'exclusion et à la pauvreté.

La Cour internationale de justice (CIJ) est l'organe judiciaire principal de l'Organisation des Nations Unies (ONU). Elle a été instituée en juin 1945 par la Charte des Nations Unies et a entamé son activité en avril 1946. La Cour a son siège au Palais de la Paix, à La Haye (Pays-Bas).

ELLE se compose de deux organes principaux : le Corps judiciaire et le Greffe.

Le rôle de la Cour est de régler conformément au droit international les différends qui lui sont soumis par les États, et de donner des avis consultatifs sur les questions juridiques qui lui sont posées par les organes ou institutions spécialisées de l'ONU. Par son activité, la Cour contribue au maintien de la paix et de la sécurité internationales, au respect du droit international et à l'évolution du droit international.

Le fonctionnement de la Cour repose sur deux types de procédures : le contentieux et le consultatif. Le contentieux concerne les affaires opposant des États qui ont accepté la compétence obligatoire de la Cour, soit en ratifiant un traité contenant une clause compromissoire, soit en faisant une déclaration à cet effet, soit en se soumettant d'un commun accord à la juridiction de la Cour. Les affaires contentieuses sont soumises à la Cour par voie d'une requête introductive d'instance, qui expose les faits et les prétentions des parties. La procédure contentieuse comprend deux phases : une phase écrite, au cours de laquelle les parties échangent des mémoires, des contre-mémoires, des répliques et des dupliques ; et une phase orale, au cours de laquelle les agents et les conseils des parties présentent leurs arguments devant la Cour. La Cour rend ensuite son arrêt, qui est définitif et sans appel, et qui lie les parties en litige.

La procédure consultative concerne les demandes d'avis formulées par des organes ou des institutions spécialisées de l'ONU sur des questions juridiques qui relèvent de leur compétence. La Cour peut donner un avis consultatif si elle estime que la question posée est d'ordre juridique et qu'elle n'est pas de nature à compromettre sa fonction judiciaire. La procédure consultative comprend également une phase écrite, au cours de laquelle les organes ou institutions requérants, les États membres de l'ONU et les autres sujets du droit international concernés peuvent soumettre des exposés écrits ; et une phase orale, au cours de laquelle ces mêmes entités peuvent présenter des observations orales devant la Cour. La Cour rend ensuite son avis consultatif, qui n'a pas de force obligatoire, mais qui a une grande autorité morale et juridique.

Dans l'Affaire des activités armées sur le territoire du Congo, ayant opposé la République Démocratique du Congo (RDC) à l'Ouganda, la CIJ a reconnu le droit à la réparation au profit de la RDC pour le préjudice causé du fait des viols et autres violences sexuelles commises, en partant du fait établi que *« les juridictions pénales internationales ainsi que les juridictions et organismes compétents en matière de droits de l'homme considèrent que le viol et les autres actes de violence sexuelle commis dans le contexte d'un conflit armé peuvent constituer des infractions graves aux conventions de Genève ou des violations des lois et coutumes de la guerre, et peuvent également constituer une forme de torture et de traitement inhumain »*[32].

Le Burkina Faso est un État partie à la Charte des Nations Unies et au Statut de la Cour depuis le 20 septembre 1960, il n'a toutefois pas fait la déclaration d'acceptation de la juridiction obligatoire de la CIJ.

II- Au niveau régional

Suivant la dynamique internationale, de nombreux instruments juridiques et mécanismes, au niveau régional, visent la promotion et la protection des droits des femmes. Les organisations africaines ont proclamé leur foi en la nécessité de l'atteinte de l'égalité femme-homme et de la « *démarginalisation* » de la femme comme un moyen et objectif de développement humain durable en Afrique. Ainsi, a-t-il été réaffirmé, à l'occasion de divers sommets, rencontres et dans de nombreux instruments juridiques, l'urgence d'institutionnaliser une politique sexospécifique dans les politiques et programmes de développement à tous les niveaux.

A. Une Afrique consciente des enjeux

Dans le cadre de l'Union africaine, d'importantes mesures ont traduit l'engagement des Chefs d'États et de gouvernements en faveur de la promotion des droits des femmes. Ainsi de nombreux instruments juridiques consacrent le principe d'égalité femme-homme et de non-discrimination.

I. Les instruments africains significatifs

1-Des engagements juridiques considérables

Les chartes et conventions africaines sont des instruments juridiques adoptés par les États membres de l'Union africaine (UA) pour promouvoir et protéger les droits humains, la démocratie, la paix, la sécurité, le développement et l'intégration sur le continent africain. Les traités africains abordant les droits de l'homme sont essentiellement :

La Charte africaine des droits de l'homme et des peuples, adoptée le 1er juin 1981 et ratifiée par le Burkina Faso en 1984. Elle est le principal instrument juridique régional. Elle vise à promouvoir et à protéger les droits de l'homme et des peuples en Afrique. Ses objectifs sont les suivants :

- Affirmer les valeurs de civilisation africaine et les principes universels des droits de l'homme et des peuples ;
- Éliminer toutes les formes de discrimination et d'oppression sur le continent africain ;
- Garantir la jouissance des droits civils, politiques, économiques, sociaux et culturels, ainsi que des droits collectifs des peuples ;
- Reconnaître le droit au développement comme un droit humain fondamental ;

- Instaurer des organes de promotion et de protection des droits de l'homme et des peuples.

La Charte aborde les droits des femmes dans son préambule, où elle affirme le principe de l'égalité de traitement pour tous, sans distinction de sexe, de langue, de religion ou d'opinion politique. Aussi, en son article 2, la Charte proscrit toute discrimination, incluant celle fondée sur le sexe, dans la jouissance de tous les droits qu'elle garantit. Elle reconnaît les droits fondamentaux de l'être humain en tant qu'individu et en son article 18, elle fait expressément obligation aux États africains *« de veiller à l'élimination de toute discrimination contre les femmes et d'assurer la protection des droits des femmes et de l'enfant tels que énoncés dans les déclarations et conventions internationales »*. La Charte reconnaît également le droit des femmes à la participation, à la direction des affaires publiques, à l'éducation et à la culture, à la santé, à la famille, au travail et à la propriété. Toutefois, la Charte ne contient pas de dispositions spécifiques sur la protection des femmes contre la violence, la discrimination et les pratiques néfastes. Cette insuffisance a justifié l'adoption du protocole de Maputo en 2003.

Le Protocole additionnel à la Charte africaine relatif aux droits des femmes en Afrique (protocole de Maputo) a été adopté et est entré en vigueur en 2005. Ce Protocole vise à compléter et à renforcer les dispositions de la Charte en matière de droits des femmes. Il contient des normes juridiques détaillées sur l'élimination de la discrimination, l'élimination de la violence contre les femmes, l'égalité en ce qui concerne le mariage, le divorce et l'héritage, la paix et la protection des personnes durant les conflits, l'éducation, l'égalité dans le domaine du travail, le droit à la santé et les droits relatifs à la procréation, ainsi que la protection spéciale des femmes vulnérables.

En plus de rappeler les droits fondamentaux des femmes, tels que prévus par les instruments juridiques internationaux, le protocole a entendu répondre de façon spécifique aux préoccupations de la femme africaine. Ainsi, en son article 2 portant sur l'élimination de la discrimination à l'égard des femmes, il prévoit que les États doivent agir en vue de parvenir à l'élimination de « *toutes les pratiques culturelles et traditionnelles néfastes et toutes autres pratiques fondées sur l'idée d'infériorité ou de supériorité de l'un ou de l'autre sexe, ou sur les rôles stéréotypés de la femme et de l'homme.* ». Une protection spécifique du droit des femmes à la vie et à la garantie de leur intégrité physique dans les conflits armés est consacrée (article 11) et il est reconnu à la femme africaine le droit à un environnement durable, à la santé. Elle prévoit aussi une protection spéciale pour les femmes en situation de handicap (articles 10 à 23).

La Charte africaine des droits et du bien-être de l'enfant est un instrument spécifique qui vise à promouvoir et à protéger les droits civils, politiques, économiques, sociaux et culturels des enfants en Afrique. Elle a été adoptée le 1er juillet 1990 et est entrée en vigueur le 29 novembre 1999. Ratifiée le 08 juin 1992 par le Burkina Faso, la Charte tient compte des réalités culturelles, historiques et sociales du continent africain et aborde des questions telles que le mariage précoce, les mutilations génitales féminines, le travail des enfants ou le recrutement d'enfants soldats.

Cette charte aborde les droits des femmes dans plusieurs articles, ainsi :

- L'article 3 prévoit que tout enfant a droit de jouir de tous les droits et libertés reconnus et garantis par la Charte, sans distinction de sexe.

- L'article 6 reconnaît le droit de l'enfant à un nom et à une nationalité dès sa naissance, et dispose que les États parties prennent des mesures législatives et autres pour assurer que les enfants ne soient pas privés de leur identité juridique, notamment par le changement ou la substitution de leurs noms. Ce droit implique le respect du droit des femmes à transmettre leur nom et leur nationalité à leurs enfants.

- L'article 14 garantit le droit de l'enfant à la liberté de pensée, de conscience et de religion, et dispose que les États parties respectent le droit et le devoir des parents ou, le cas échéant, des tuteurs légaux, de guider l'enfant dans l'exercice de ce droit d'une manière conforme à l'évolution de ses capacités. Ce droit implique le respect du droit des femmes à exercer leur liberté religieuse et à éduquer leurs enfants selon leurs convictions.

- L'article 18 protège le droit de l'enfant à une vie familiale, et dispose que les États parties prennent toutes les mesures appropriées pour assurer que l'enfant soit maintenu dans sa famille ou, lorsque cela n'est pas possible, qu'il bénéficie d'une protection et d'une assistance alternatives conformes aux normes établies par les autorités compétentes. Ce droit implique le respect du droit des femmes à ne pas être séparées de leurs enfants par la force ou la discrimination.

- L'article 21 interdit toute forme d'exploitation ou d'abus sexuel de l'enfant, et dispose que les États parties prennent toutes les mesures appropriées pour prévenir et éliminer la traite des enfants, en particulier des filles. Ce droit implique le respect du droit des femmes à ne pas être victimes de violences sexuelles ou de traite.

- L'article 27 reconnaît le droit de l'enfant à l'éducation, et dispose que les États parties prennent toutes les mesures appropriées pour assurer que l'accès à l'éducation soit effectif pour tous les enfants, sans discrimination fondée sur le sexe. Ce droit implique le respect du droit des filles à bénéficier d'une éducation égale et de qualité.

La Convention de l'Union africaine sur la prévention et la lutte contre la corruption (CAPLC) est un instrument régional qui vise à promouvoir et à renforcer le développement en Afrique par la prévention, la détection, la sanction et l'élimination de tous les actes de corruption et d'infractions connexes. Elle a été adoptée le 1er juillet 2003 et est entrée en vigueur le 5 août 2006. Elle contient des dispositions relatives aux principes fondamentaux, aux mesures préventives, aux mesures pénales, à la coopération internationale et au suivi en matière de corruption. La CAPLC aborde les droits des femmes dans un seul article, notamment le 12 qui prévoit que les États parties s'engagent à adopter des mesures législatives et administratives visant à protéger les personnes vulnérables, notamment les femmes, les jeunes et les personnes handicapées, contre l'exploitation ou le traitement dégradant résultant ou lié à la corruption.

La Convention régissant les aspects propres aux problèmes des réfugiés en Afrique, adoptée le 10 septembre 1969, est un instrument régional qui vise à compléter la Convention relative au statut des réfugiés de 1951 en tenant compte du contexte spécifique du continent africain. Elle élargit la définition du réfugié pour inclure toute personne qui fuit non seulement une persécution individuelle mais aussi une agression externe, une occupation étrangère ou une domination étrangère. Elle contient également des dispositions relatives à l'asile, au non-refoulement, à la cessation du statut de réfugié, à la réinstallation volontaire et à la coopération internationale.

La Charte africaine de la démocratie, des élections et de la gouvernance (CADEG) est un instrument qui vise à promouvoir les principes démocratiques, les élections libres et transparentes, l'alternance pacifique au pouvoir, l'État de droit, les droits humains et le développement participatif en Afrique. Elle a été adoptée le 30 janvier 2007 et est entrée en vigueur le 15 février 2012.

La CADEG aborde les droits des femmes dans plusieurs de ses dispositions, ainsi :

- L'article 2 affirme que la CADEG est fondée sur les valeurs universelles de la démocratie, du respect des droits humains, de la justice et de l'égalité entre les hommes et les femmes.

- L'article 4 prévoit que les États parties s'engagent à respecter les principes de la démocratie et des droits humains toutes choses incluant les droits énoncés dans la Charte africaine des droits de l'homme et des peuples et le Protocole à la Charte africaine relatif aux droits des femmes en Afrique.

- L'article 8 engage les États parties à promouvoir l'égalité des genres et à assurer une participation équilibrée des hommes et des femmes à tous les niveaux de prise de décision, notamment par l'adoption de mesures législatives positives en faveur des femmes.

- L'article 29 reconnait le rôle vital des femmes dans la promotion et le renforcement de la démocratie. Il engage les États parties à créer les conditions nécessaires pour assurer la participation pleine et entière des femmes aux processus et structures de prise de décision à tous les niveaux, en tant qu'élément essentiel de la promotion et de la pratique d'une culture démocratique. Il engage les États à prendre des mesures susceptibles d'encourager la pleine participation des femmes dans le processus électoral et l'équilibre entre hommes et femmes dans la représentation à tous les niveaux, y compris au niveau des corps législatifs.

La Convention de l'Union Africaine sur la protection et l'assistance aux personnes déplacées en Afrique (Convention de Kampala) est un instrument qui vise à fournir un cadre juridique pour la protection et l'assistance aux personnes déplacées à l'intérieur de leur pays en raison de conflits armés, de violations des droits humains, de catastrophes naturelles ou d'autres causes. Elle a été adoptée le 22 octobre 2009 et est entrée en vigueur le 6 décembre 2012.

Elle aborde les droits des femmes dans plusieurs de ses dispositions. Ainsi,

-Elle engage les États à respecter et assurer le respect des droits humains, des principes d'humanité, de dignité, d'égalité et de non-discrimination des personnes déplacées internes (article 3).

-Elle prévoit au rang des déplacements arbitraires interdits, ceux résultant des pratiques néfastes (article 4).

- Elle interdit aux membres des groupes armés de recruter par la force, de se livrer à des actes d'enlèvement, de rapt ou de prise d'otages, d'esclavage sexuel et de trafic d'êtres humains, notamment des femmes et des enfants (article 7).

- Elle engage les États parties à protéger les droits des personnes déplacées quelle que soit la cause du déplacement et à prévenir et s'abstenir de poser à leur encontre des actes de discrimination dans la jouissance de tout droit ou liberté ; des actes de violence sexuelle et fondée sur le genre, notamment le viol, la prostitution forcée, l'exploitation sexuelle, et les pratiques néfastes, l'esclavage, le recrutement d'enfants et leur utilisation dans les hostilités, travail forcé, trafic et détournement d'êtres humains ; de les maintenir dans la famine, etc. Elle les engage également à prendre les mesures nécessaires pour assurer aux personnes déplacées un accueil sans discrimination, des conditions satisfaisantes de sûreté, de dignité et de sécurité. Les États parties sont également tenus de fournir aux personnes déplacées, dans la plus large mesure possible et dans les plus brefs délais, l'assistance humanitaire adéquate, notamment l'alimentation, l'eau, l'abri, les soins médicaux et autres services de santé, l'assainissement, l'éducation, et tous autres services sociaux nécessaires ; une protection spéciale et une assistance adaptée aux déplacées ayant des besoins spécifiques, notamment les enfants séparés et non accompagnés, les femmes chefs de ménage, les femmes enceintes, les mères accompagnées de jeunes enfants, les personnes âgées et les personnes handicapées ou souffrant de maladies transmissibles ; une protection de la santé reproductive et sexuelle des femmes déplacées, ainsi que l'appui psychosocial approprié aux victimes d'abus sexuels et autres. Les États parties sont, en outre, tenu de Prendre les mesures nécessaires, y compris la mise en place de mécanismes spécialisés, pour retrouver et réunifier les familles séparées durant le déplacement, en vue du rétablissement des liens familiaux (article 9).

- Elle engage aussi les Etats parties à assurer aux femmes et aux hommes ainsi qu'aux enfants non accompagnés le droit d'obtenir les documents d'identité nécessaires, et à les détenir en leur nom propre (article 14).

1. Des engagements politiques au cœur des transformations

Le 08 juillet 2004, une **Déclaration Solennelle** était faite par les Chefs d'État de l'Union Africaine sur l'égalité entre les hommes et les femmes. Celle-ci consacre leur engagement à porter au moins à 30%, la participation des femmes dans les instances de prise de décision et les postes électifs, à l'application de la parité au niveau des Commissions de l'Union africaine et à la création d'une direction genre chargée de l'intégration d'une perspective genre dans l'organisation.

A la suite, en 2008, il était adopté, au sein de l'Union, une **Politique Genre** qui vise à promouvoir l'égalité entre les hommes et les femmes et l'autonomisation des femmes dans le continent africain. Les objectifs principaux se résument à :

- Renforcer le leadership et la participation des femmes aux processus de prise de décision et de gouvernance à tous les niveaux.
- Éliminer toutes les formes de discrimination et de violence à l'égard des femmes et des filles.
- Assurer l'accès des femmes et des filles à l'éducation, à la santé, à l'emploi, à la justice et aux ressources productives.
- Intégrer la dimension de genre dans toutes les politiques, les programmes et les projets de développement de l'UA et des États membres.
- Renforcer les capacités institutionnelles et humaines en matière de genre au sein de la Commission de l'UA, des organes de l'UA et des États membres.
- Mobiliser les ressources financières et techniques nécessaires à la mise en œuvre de la politique de genre.
- Suivre et évaluer les progrès réalisés dans la réalisation de l'égalité entre les hommes et les femmes et l'autonomisation des femmes.

La **Déclaration de Banjul**, adoptée le 04 mars 2017 à la 59e session ordinaire de la Commission Africaine des Droits de l'Homme et des Peuples, réaffirme l'obligation pour les États de promouvoir davantage les droits économiques, sociaux et culturels des femmes, de les protéger, de favoriser leur épanouissement à travers l'accès à la terre, à l'eau, aux services sociaux de base, de lutter contre les violences, de prendre en charge les victimes et de proscrire le mariage des enfants.

L'**Agenda 2063**, adopté par les Chefs d'États et de gouvernements africains lors de la 24ème session ordinaire de la Conférence de l'Union Africaine tenue en janvier 2015, en tant que cadre stratégique pour la transformation socio-économique du continent au cours des 50 prochaines années aspire, entre autres, à une Afrique dont le développement serait axé sur les citoyens, s'appuyant sur le potentiel de ses populations, en particulier de ses femmes et de ses jeunes, et appelle à une pleine égalité des genres et à l'autonomisation des femmes et des filles dans toutes les sphères de la vie.

De façon spécifique et concernant les violences, il a été adopté, le 05 novembre 2017, **Les Lignes Directrices sur la lutte contre les violences et leurs conséquences** qui visent à aider les États membres à respecter leurs obligations en matière de prévention, de protection, de justice et de réparation pour les victimes de violences sexuelles. Elles contiennent des recommandations pratiques sur les stratégies de sensibilisation, les services médicaux et psycho-sociaux, les procédures judiciaires, les mesures de réhabilitation et de réintégration, ainsi que le suivi et l'évaluation des actions menées.

I. Un dispositif institutionnel protecteur

Le Nouveau partenariat pour le développement de l'Afrique (NEPAD), qui est l'expression de l'engagement des dirigeants africains à promouvoir individuellement et collectivement le développement durable dans leurs États respectifs et en Afrique, retient l'égalité entre les sexes comme un des principaux domaines d'intervention devant mener à une croissance économique durable et à la réduction de la pauvreté.

Bien avant, la nécessité d'intégrer des perspectives sexospécifiques dans les plans de développement et budgets nationaux a été reconnue lors de la 35e Conférence des Ministres des finances, de la planification et du développement économique qui s'est tenue en octobre 2002 à Johannesburg.

Les organes créés par la Charte africaine des droits de l'homme et des peuples sont les suivants :

La Commission africaine des droits de l'homme et des peuples (CADHP) qui constitue l'organe de surveillance de la Charte africaine des droits de l'homme et des peuples. Elle est composée de onze membres élus par la Conférence des chefs d'État et de gouvernement de l'Union africaine.

La Commission a trois principales fonctions, à savoir :

- La promotion des droits de l'homme et des peuples, qui consiste à sensibiliser les États, les organisations de la société civile et le public aux principes et aux normes de la Charte africaine, à adopter des mesures législatives, administratives et autres pour assurer leur respect, à coopérer avec d'autres organes régionaux et internationaux, à organiser des séminaires, des conférences et des missions d'étude, et à élaborer des principes et des lignes directrices sur divers aspects des droits de l'homme et des peuples.

- La protection des droits de l'homme et des peuples, qui consiste à examiner les communications qui lui sont soumises par les États parties, les individus ou les organisations non gouvernementales, alléguant des violations des droits garantis par la Charte africaine, à adopter des décisions ou des recommandations à l'intention des États concernés, à demander des mesures provisoires en cas d'urgence, à effectuer des visites in situ dans les pays où il existe une situation grave ou massive de violations des droits de l'homme et des peuples, et à saisir la Cour africaine des droits de l'homme et des peuples en cas de non-respect de ses décisions ou recommandations.

- L'interprétation de la Charte africaine, qui consiste à donner son avis sur toute question juridique relative à la Charte africaine, à la demande d'un État partie, de l'Union africaine ou de toute organisation reconnue par l'Union africaine, à adopter des observations générales pour clarifier le sens et la portée des dispositions de la Charte africaine, et à élaborer des protocoles additionnels pour compléter ou renforcer les droits énoncés dans la Charte africaine.

La Commission dispose d'un mécanisme de rapporteur.e.s spéciaux-ciales, qui sont des expert.e.s indépendants chargé.e.s d'examiner et de rapporter sur des questions thématiques ou spécifiques de pays. Parmi ceux-ci, il y a la Rapporteure spéciale sur les droits des femmes en Afrique, qui a pour mandat de promouvoir et de protéger les droits des femmes en Afrique, conformément au Protocole à la Charte africaine relatif aux droits des femmes en Afrique (Protocole de Maputo). Elle a en charge le suivi de la situation des droits des femmes sur le continent et de mener des activités de promotion et de protection. L'un des objectifs de cette rapporteure est de servir de point focal pour la promotion et la protection des droits des femmes en Afrique, et ce parmi ses 11 membres.

La Commission a abordé les droits des femmes dans sa jurisprudence, en se fondant notamment sur le Protocole de Maputo qui complète et renforce les dispositions de la Charte en matière de droits des femmes. La Commission a adopté plusieurs observations générales pour fournir des orientations sur l'interprétation et l'application dudit Protocole notamment sur le droit à la propriété en cas de séparation, de divorce ou d'annulation de mariage (article 7(d)), ou sur le droit à la vie (article 4). La Commission a également examiné des communications individuelles ou interétatiques portant sur des violations des droits des femmes, telles que la discrimination, la violence, les mutilations génitales féminines, le mariage forcé ou précoce, ou le viol. Par exemple, dans l'affaire Zimbabwe Human Rights NGO Forum c. Zimbabwe, la Commission a condamné les actes de torture et de viol commis par les forces de sécurité contre des femmes lors d'une opération de répression post-électorale[33].

Aux comptes de la Commission, on retrouve la résolution 409 (LXII) du 13 novembre 2018 sur la nécessité d'adopter des mesures légales pour la protection des femmes défenseures des droits de l'homme en Afrique. Il est demandé aux États de reconnaître les femmes défenseures des droits de l'homme et de prendre des mesures légales spécifiques pour les protéger. Il en est de même de la Résolution 283 sur la situation des femmes et des enfants en conflits armés de mai 2014, qui prévoit la prise en compte de la spécificité de ces catégories de personnes.

La Commission a abordé la situation des femmes au Burkina Faso dans le cadre de son examen périodique des rapports présentés par les États parties sur les mesures prises pour donner effet aux droits reconnus dans la Charte africaine. Le Burkina Faso a présenté son quatrième rapport périodique en 2005 et le cinquième en 2017. Dans ses observations finales sur ces rapports, la Commission a salué les progrès accomplis par le Burkina Faso en matière de promotion et de protection des droits des femmes, notamment l'adoption du Plan national d'action pour la promotion du genre, du Plan national d'action pour l'élimination de l'excision, le projet d'adoption du code pénal, ainsi que la ratification du Protocole à la Charte africaine relatif aux droits des femmes en Afrique (Protocole de Maputo). Toutefois, la Commission a également exprimé sa préoccupation face aux défis persistants auxquels sont confrontées les femmes au Burkina Faso, tels que la discrimination juridique et sociale fondée sur le sexe, les pratiques traditionnelles néfastes telles que l'excision, le mariage forcé ou précoce et le lévirat, la violence domestique et sexuelle, le faible accès à l'éducation, à la santé, au travail et à la participation politique. La Commission a formulé plusieurs recommandations au Burkina Faso pour remédier à ces problèmes et assurer le respect effectif des droits des femmes conformément à la Charte africaine et au Protocole de Maputo.

La Cour africaine des droits de l'homme et des peuples (CADHP) est un organe judiciaire compétent pour connaître des affaires portant sur l'interprétation et l'application de la Charte, du Protocole à la Charte africaine relatif aux droits des femmes en Afrique (Protocole de Maputo) et de tout autre instrument pertinent relatif aux droits de l'homme ratifié par les États concernés. Elle reçoit les requêtes des États parties, de la Cour, des organisations intergouvernementales africaines et, sous certaines conditions, des organisations non gouvernementales et des individus.

En tant que juridiction internationale régionale spécialisée en droits de l'homme, son rôle est de promouvoir et de protéger les droits de l'homme et des peuples en Afrique, en interprétant et en appliquant la Charte africaine et tout autre instrument pertinent relatif aux droits de l'homme ratifié par les États concernés. La Cour est composée de onze juges élus par la Conférence des chefs d'État et de gouvernement de l'UA, pour un mandat de six ans, renouvelable une fois. La Cour a son siège à Arusha, en Tanzanie, et dispose d'un secrétariat permanent.

La CADHP a trois principales fonctions :

- La fonction contentieuse, qui consiste à examiner les requêtes introduites par les États parties, la Commission africaine des droits de l'homme et des peuples (CADH), les organisations intergouvernementales africaines et, sous certaines conditions, les organisations non gouvernementales et les individus, alléguant des violations des droits garantis par la Charte africaine ou tout autre instrument pertinent relatif aux droits de l'homme. La CADHP rend des arrêts qui sont contraignants pour les États concernés et qui peuvent comporter des mesures de réparation pour les victimes.

- La fonction consultative, qui consiste à donner son avis sur toute question juridique relative à la Charte africaine ou à tout autre instrument pertinent relatif aux droits de l'homme, à la demande d'un État membre de l'UA, de l'UA, de l'un de ses organes ou de toute organisation africaine reconnue par l'UA. La Cour rend des avis consultatifs qui n'ont pas force obligatoire à l'égard des États membres.

- La fonction interprétative, qui consiste à clarifier le sens et la portée des dispositions de la Charte africaine ou de tout autre instrument pertinent relatif aux droits de l'homme, soit dans le cadre d'une affaire contentieuse ou consultative, soit à titre préventif. La Cour rend des décisions d'interprétation qui ont force obligatoire.

La Cour a abordé les droits des femmes dans sa jurisprudence, en se fondant notamment sur le Protocole à la Charte africaine relatif aux droits des femmes en Afrique (Protocole de Maputo). Elle a adopté plusieurs arrêts portant sur des violations des droits des femmes, tels que la discrimination, la violence, les mutilations génitales féminines, le mariage forcé ou précoce, ou le viol. Par exemple, dans l'affaire Association pour le progrès et la défense des droits des femmes maliennes (APDF) et Institut pour les droits humains et le développement en Afrique (IHRDA) c. Mali, la Cour a estimé que le Code des personnes et de la famille du Mali qui consacrait l'inégalité entre les hommes et les femmes dans le domaine du mariage, du divorce, de l'héritage et de la tutelle viole le Protocole de Maputo. Elle a ordonné au Mali de modifier le Code conformément audit protocole [34].

Le Comité africain d'experts sur les droits et le bien-être de l'enfant (CAEDBE) est un organe spécialisé chargé de surveiller la mise en œuvre de la Charte africaine des droits et du bien-être de l'enfant par les États parties. Le comité a pour fonctions, entre autres, d'examiner les rapports périodiques soumis par les États parties, de formuler des observations générales et des recommandations, de recevoir et d'examiner les communications relatives aux violations des droits de l'enfant, et de mener des enquêtes sur les situations graves ou massives.

Le comité a déjà abordé la situation des femmes et/ou des filles dans plusieurs de ses activités, notamment :

- Il a adopté une observation générale sur l'article 6 de la charte, relatif au droit à l'identité, dans laquelle il souligne l'importance du respect du droit des femmes à transmettre leur nom et leur nationalité à leurs enfants, ainsi que les conséquences néfastes des pratiques discriminatoires telles que le mariage précoce et forcé, le déni du droit à l'éducation, la mutilation génitale féminine, et la violence basée sur le genre.

- Il a adopté une observation générale sur l'article 31 de la charte, relatif aux responsabilités de l'enfant, dans laquelle, le Comité rappelle les obligations des États parties quant à la protection des enfants contre les pratiques néfastes et abusives, dont toute coutume et pratique préjudiciable ainsi que les pratiques discriminatoires fondées, entre autres, sur le sexe. Il précisait qu'il est contraire à l'esprit de la Charte d'imposer aux enfants des responsabilités qui perpétuent ces pratiques, de sorte que toute pratique incompatible avec les dispositions de la Charte doit être interdite.

- Il examine les rapports périodiques soumis par les États parties et a eu l'occasion de leur adresser des recommandations spécifiques sur les questions liées aux droits des femmes et des filles, telles que l'élimination du mariage précoce et forcé, la promotion de l'éducation des filles, la lutte contre la mutilation génitale féminine, la protection contre la violence basée sur le genre, et la participation des femmes et des filles aux processus décisionnels. Ainsi dans ses observations finales adressées à la République démocratique d'Algérie[35], il a relevé l'existence de situations où les filles et les femmes subissent la discrimination, en particulier en matière de succession. Il a de ce fait recommandé à l'État en cause de veiller à l'application du principe de non-discrimination à l'égard des enfants dans toutes les procédures administratives et judiciaires sans acception, entre autres de l'origine de leurs ascendants, de leur sexe, etc.

Le comité a également abordé la situation des femmes/filles au Burkina Faso dans son examen du second rapport soumis par cet État partie en 2016. Le comité a félicité le Burkina Faso sur de nombreux points parmi lesquels il peut être relevé la mise en place de structures juridiques et institutionnelles pour la protection des droits des enfants, la mise en œuvre de lois et politiques visant la protection des droits des enfants. Il a cependant relevé des inquiétudes quant à la discrimination que subies les filles dans la pratique, dans la mesure où nombreuses sont toujours obligées de quitter l'école pour être mariées dans certaines régions du pays. Il en est de même du déni du droit de poursuivre les études pour les filles en état de grossesse. Le Comité a recommandé à l'État de hâter l'élaboration et la mise en œuvre d'activité et stratégies pour éradiquer le phénomène de la discrimination basée sur le genre à l'encontre des filles dans l'accès à l'éducation.

Une autre procédure spéciale est la Direction Femmes, Genre et Développement de l'Union africaine. Cette Direction est chargée de diriger, guider, défendre et coordonner les efforts de l'UA en matière d'égalité entre les hommes et les femmes et de promouvoir l'autonomisation des femmes. Elle conçoit des programmes et des projets basés sur les politiques et les cadres adoptés par les États membres de l'UA. Elle supervise également l'élaboration et l'harmonisation des politiques liées au genre ; elle définit des stratégies d'intégration de la dimension genre au sein de la Commission, des organes de l'UA et des États membres ; et elle soutient le renforcement des capacités en dispensant une formation sur les politiques et instruments relatifs au genre. La Direction a mis en œuvre plusieurs programmes et projets au Burkina Faso, tels que le projet d'appui à la participation politique des femmes dans les élections locales de 2016, le projet d'appui à la mise en place d'un mécanisme national de suivi-évaluation du genre, et le projet d'appui à la lutte contre les violences basées sur le genre.

De façon globale, l'Union africaine avec les différentes institutions internationales soutenant les initiatives visant à renforcer les droits des femmes et à combattre les stéréotypes de genre.

B. Une sous région en harmonie

Des organisations politiques régionales ont créé des organismes, adopté des politiques et instruments juridiques en vue de la promotion et de la protection des droits de la femme.

La Communauté économique des États de l'Afrique de l'Ouest (CEDEAO) est une organisation intergouvernementale qui regroupe 15 pays d'Afrique de l'Ouest, dont le Burkina Faso. Son but est de promouvoir la coopération et l'intégration économique, politique et sociale dans la région, avec l'objectif de créer une union économique et monétaire ouest-africaine.

Les organes principaux de la CEDEAO sont :

- La Conférence des chefs d'État et de gouvernement, qui est l'organe suprême de décision et qui se réunit au moins une fois par an.

- Le Conseil des ministres, qui est composé des ministres des affaires étrangères et d'autres ministres désignés par les États membres, et qui se réunit au moins deux fois par an.

- Le Conseil de médiation et de sécurité, qui est chargé des questions liées à la paix et à la sécurité dans la région, et qui se réunit au moins deux fois par an.

- La Commission, qui est l'organe exécutif de la CEDEAO. Elle est dirigée par un président assisté de plusieurs commissaires.

- Le Parlement de la communauté, qui est l'organe législatif consultatif de la CEDEAO. Il est composé de 115 députés élus ou désignés par les parlements nationaux des États membres.

- La Cour de justice de la communauté, qui est l'organe judiciaire de la CEDEAO. Elle est compétente pour interpréter et appliquer le traité de la CEDEAO et les autres textes juridiques adoptés par les organes de la communauté.

- La Banque d'investissement et de développement de la CEDEAO (BIDC), qui est l'institution financière de la CEDEAO. Elle a pour mission de contribuer au développement économique et social des États membres.

La CEDEAO, pour ce qui la concerne, considère l'égalité entre les hommes et les femmes comme un moteur de l'intégration régionale et un objectif de développement à part entière.

Les droits des femmes dans l'espace CEDEAO sont protégés et promus par différents organes, textes, engagements politiques, juridiques et procédures spéciales.

1. Des engagements juridiques notables

L'engagement de la CEDEAO en faveur de la femme est consacré à l'article 63 de son traité révisé qui invite « *les États membres à formuler, harmoniser, coordonner et mettre en œuvre des politiques et des mécanismes appropriés pour améliorer les conditions économiques, sociales et culturelles de la femme.* ».

En 2015, il a été adopté et ratifié par tous les États membres, l'acte additionnel au traité, notamment l'Acte Additionnel A/SA.02/05/15 relatif à l'Égalité de Droits entre les Femmes et les Hommes pour le Développement Durable dans l'Espace CEDEAO. Cet acte constitue le cadre juridique de référence pour l'harmonisation des législations nationales aux instruments régionaux et internationaux sur le genre. Il renforce les engagements pris en matière de promotion des droits des femmes et fixe des objectifs concrets à atteindre. Il aborde les droits économiques, sociaux et culturels, l'accès à la justice, les droits matrimoniaux et familiaux, les droits des populations vulnérables et la protection des enfants. La Feuille de Route de cet Acte Additionnel est le document opérationnel consacrant sa mise en œuvre effective.

1. Des engagements politiques impactant

La CEDEAO a adopté en 2004 une **Politique Genre** qui vise à intégrer la dimension genre dans toutes les politiques, programmes et projets de la communauté.

La **Déclaration sur la tolérance zéro à l'égard de la violence sexuelle et sexiste et l'élimination de toutes les formes de violence à l'égard des femmes et des filles à tout moment et en toutes circonstances dans la région de la CEDEAO**, adoptée par les Chefs d'État et de Gouvernement en janvier 2021, exhorte la Commission de la CEDEAO à fournir aux États membres une stratégie régionale et un plan d'action pour prévenir et répondre à la violence sexuelle et sexiste.

- La CEDEAO a également élaboré une **Politique pour l'intégration du genre dans l'accès à l'énergie** qui vise à promouvoir l'égalité des sexes et l'autonomisation des femmes dans le secteur de l'énergie. Cette politique souligne que les stéréotypes de genre affectent la répartition des rôles et des responsabilités entre les hommes et les femmes en matière d'accès, d'utilisation et de gestion de l'énergie, et préconise des actions pour les remettre en question, telles que la promotion de l'entrepreneuriat féminin, le renforcement des capacités des femmes et la participation des femmes à la prise de décision.

Le Parlement de la CEDEAO s'intéresse aussi aux droits des femmes. Dans cet élan, il a adopté une stratégie genre pour renforcer son rôle dans la promotion de l'égalité des sexes et les droits des femmes [36].

B- Des institutions engagées pour l'émancipation féminine

La Commission de la CEDEAO, quant à elle, a mis en place un cadre institutionnel propice à la promotion de l'égalité de genre à travers notamment la plateforme de Dakar, en sus de la création du Centre pour le Développement du Genre en 2003. Il s'en est suivi, en 2004, de l'adoption d'une politique en matière de sexospécificité ; en 2005, de l'adoption d'un système de gestion du genre pour la CEDEAO et de la politique de genre fondée sur le principe d'inclusion et d'égalité de chance, enfin en 2007, de la création du poste de commissaire de développement humain et du genre.

Par décision/DEC.16/01.03., il a été créé une agence spécialisée notamment le Centre de la CEDEAO pour le Développement du Genre (CCDG) qui intervient en matière de renforcement des capacités institutionnelles et organisationnelles, d'accès équitable des hommes et des femmes aux services sociaux de base, d'autonomisation économique, des droits humains, de prévention et de résolution des conflits, de gouvernance, de paix et de sécurité. Le Centre a pour mission de « *Transformer l'Afrique de l'Ouest en une communauté juste et sûre dans laquelle les hommes et les femmes ont les mêmes chances de participation, de décider, de contrôler et de bénéficier de toutes les initiatives de développement* ». Depuis sa création, le Centre a adopté de nombreux instruments dont le Plan d'Action Régional de la CEDEAO pour la mise en œuvre des Résolutions 1325 et 1820 du Conseil de sécurité des Nations Unies.

Le CCDG mène des activités visant à éliminer les stéréotypes de genre dans divers domaines, tels que l'éducation, la santé, l'agriculture, le commerce, la paix et la sécurité. Il organise également des campagnes de sensibilisation, des ateliers, des conférences et des publications sur le genre.

Le CCDG dispose d'un Comité consultatif composé de 15 experts en genre, un par État membre, qui sont nommés par les ministres chargés des questions du genre. Le Comité consultatif a pour rôle de conseiller le CCDG sur les questions liées au genre et au développement, de suivre la mise en œuvre des politiques et programmes du CCDG, et de renforcer le plaidoyer en faveur de l'égalité des sexes au niveau national.

Dans L'approche Commune de la CEDEAO sur la Migration, les États membres ont réaffirmé leur volonté de lutter contre toute forme d'organisation, au Nord comme au Sud, favorisant le recrutement, le transport et l'exploitation de migrants irréguliers en particulier les femmes et en enfants. Reconnaissant le rôle croissant que jouent les migrants au sein et en dehors des frontières de la CEDEAO, les États membres se sont engagés à fournir des données ventilées selon le genre sur les profils des migrants et à assurer l'inclusion de la dimension genre dans les politiques migratoires. Tenant compte de la féminisation croissante de la migration et du rôle des femmes dans le processus de développement économique et social des pays, ces États se sont engagés aussi à créer et renforcer les structures de soutien en faveur de la formation en entreprenariat et à éliminer les obstacles commerciaux illégaux qui entravent le potentiel d'entreprenariat des femmes au niveau de la migration[37].

Dans son Protocole A/SP1/12/01 sur la Démocratie et la Bonne Gouvernance, Additionnel au Protocole relatif au mécanisme de prévention, de gestion, de règlement des conflits, de maintien de la paix et de la sécurité, les États membres ont réaffirmé les droits fondamentaux des femmes tels que résultant des instruments juridiques internationaux et régionaux. Ils se sont engagés à prendre les mesures appropriées pour que les femmes aient, comme les hommes, le droit de voter et d'être élues lors des élections, de participer à la formulation et à la mise en œuvre de politiques gouvernementales, d'occuper et de remplir des fonctions politiques à tous les niveaux de l'État. Ils se sont également engagés à ce que les femmes fassent partie des missions d'observation des élections ; qu'il soit développé une politique de nature à promouvoir l'éducation des femmes à tous les niveaux et dans tous les secteurs de formation dans chaque État et au niveau communautaire ; à garantir aux femmes, les mêmes droits que les hommes dans le domaine de l'éducation, leur assurer les mêmes conditions de carrière, d'orientation professionnelles, d'accès aux études et aux programmes, de bourses et subventions d'études et s'assurer de l'élimination à tous les niveaux et dans toutes les formes d'éducation des rôles stéréotypés des hommes et des femmes. Les États membres ont convenu, en son article 40, de ce que *« l'épanouissement et la promotion de la femme sont un gage de développement, de progrès et de paix dans la société. Ils s'engagent en conséquence à éliminer toutes formes de pratiques préjudiciables, dégradantes et discriminatoires à l'égard des femmes. »*.[38]

Il existe par ailleurs au sein de la CEDEAO des procédures spéciales spécifiques aux droits des femmes. Ainsi :

La CEDEAO a adopté un **Cadre stratégique pour le genre et les élections**, qui vise à renforcer la participation et la représentation politiques des femmes dans la région, en tenant compte des spécificités de chaque pays. Ce cadre reconnaît que les stéréotypes de genre sont l'un des obstacles majeurs à l'implication des femmes dans la vie publique et propose des mesures pour les combattre, telles que la sensibilisation, la formation, le plaidoyer et l'appui aux candidates.

Le **Mécanisme régional d'alerte rapide** se présente comme une procédure spéciale au sein de la CEDEAO, qui permet aux organisations de la société civile de signaler les violations des droits humains, notamment celles des femmes, dans les situations de conflit ou de crise.

Aussi, le **Réseau Paix et Sécurité pour les Femmes en Afrique de l'Ouest (REPSFECO)** se présente comme une plateforme régionale d'échange, d'informations, d'expériences et de bonnes pratiques sur le rôle des femmes dans la prévention, la gestion et la résolution des conflits.

La Cour de justice de la CEDEAO a été créé conformément aux articles 6 et 15 du Traité révisé de la CEDEAO de 1993 en tant qu'organe judiciaire de la communauté. Composée de cinq Juges indépendants, sa vision est de rester une institution judiciaire communautaire indépendante, fiable, efficace et accessible jouant un rôle stratégique dans l'établissement et le maintien d'un environnement juridique favorable à la réalisation des buts et objectifs de la Communauté. La Cour s'est donnée pour mission de « *Assumer et promouvoir sa fonction judiciaire d'interprétation et d'application des textes communautaires ainsi que d'assurer la protection des droits de l'homme de manière efficace, rapide et économique avec l'appui d'un personnel bien formé et motivé* ».

La CEDEAO a déjà abordé la situation des femmes dans plusieurs affaires, notamment en matière de protection des droits de l'homme, de lutte contre la violence basée sur le genre, et de promotion de l'égalité entre les femmes et les hommes. Ainsi :

- En 2008, la Cour a tenu la République du Niger responsable de l'inaction de ses services administratifs et judiciaires ayant occasionné la violation des droits de Dame Hadijatou Mani Koraou, qui avait été vendue comme esclave et soumise à des traitements inhumains et dégradants. La Cour a ordonné au Niger de lui verser une indemnisation de 10 millions de francs CFA et de prendre des mesures pour éliminer la pratique de l'esclavage dans le pays. La Cour a déclaré que cette pratique était fondée sur des stéréotypes de genre discriminatoires et contraires aux instruments régionaux et internationaux relatifs aux droits de l'homme[39].

- En 2018, la Cour a tenu la République du Mali responsable de violation du droit à la protection de la famille et des groupes vulnérables à l'égard de Dame Aminata Diantou DIANE qui a été privée de la vie commune et de la jouissance de certains biens de son époux malade, déplacé vers une destination inconnue d'elle par sa belle-famille leur droit de cohabiter avec son époux, du droit à l'égalité devant la loi et à l'égale protection de la loi et condamné l'État à payer à victime la somme de quinze millions francs CFA[40].

L'adhésion du Burkina Faso au système général, international et régional, de promotion et de protection des droits de la femme a eu des répercussions sur le cadre normatif et institutionnel national.

Pargraphe-2 : Un cadre juridique de protection interne optimal

Le Burkina Faso, suivant les prescriptions découlant des instruments juridiques et diverses recommandations faites sur le plan international, s'est engagé dans un processus global de promotion et de protection des droits des femmes. Ce processus s'est matérialisé par des réformes et l'adoption de divers textes législatifs et réglementaires, aussi par la mise en place d'institutions intervenant de façon générale ou spécifique dans la promotion des droits des femmes.

I- Des garanties normatives enviables

Pour se conformer aux engagements pris sur le plan international et régional, l'État burkinabè a internalisé des normes favorables, reconnues à la femme et à la fille. Cela, à travers essentiellement la révision des textes de loi porteurs de dispositions discriminatoires et l'adoption de nouveaux textes portant sur des domaines spécifiques.

Ces divers textes définissent le cadre normatif au sein duquel a été exprimé le droit à l'égalité et à la non-discrimination.

Au premier rang des textes protecteurs, il y a la loi fondamentale, à savoir la Constitution du Burkina Faso qui, à la faveur de sa révision intervenue le 11 juin 2012, a intégré le concept de genre dans son préambule. Elle reconnaît que la promotion du genre est un facteur de réalisation de l'égalité de droit entre hommes et femmes. Il a par ailleurs consacré, en son article 1er, le principe d'égalité entre les hommes et les femmes en disposant que : « *Tous les burkinabè naissent libres et égaux en droit* » ; l'article 23 consacre la liberté, l'égalité et la non-discrimination comme fondement du mariage et des relations matrimoniales. Aussi, à travers l'usage, à tous les niveaux, du groupe de mots : « *Tous les burkinabè* », la loi fondamentale entend réaffirmer de façon manifeste le principe d'égalité et de non-discrimination entre burkinabè nonobstant l'appartenance biologique (sexe). L'article 152 prévoit que « *L'État garantit aux citoyens l'égal accès aux emplois publics sans autre condition que celles déterminées par la loi. Il garantit également aux citoyens l'égalité des chances dans l'accès aux fonctions électives* ».

À l'instar de la Constitution, les droits des femmes sont protégés à travers divers textes spécifiques et, de façon éparse, des textes ou dispositions tendant à promouvoir ces droits dans divers domaines sont observés.

A. Des protections émanant de textes spécifiques

Le Code des personnes et de la famille (CPF) burkinabè, entré en vigueur depuis le 04 août 1990, regroupe un ensemble de dispositions qui règlementent la vie individuelle et familiale des personnes. Il pose le principe d'égalité de droits et de devoirs entre époux (article 235) et entre enfants sans distinction aucune. Il prévoit que la liberté matrimoniale et le principe d'égalité régit la formation du mariage, les relations entre époux, le relâchement et la dissolution des liens matrimoniaux. Ce principe est consacré également en matière successorale. Le CPF prévoit en outre, au profit de chacun des époux, la liberté dans le choix de l'activité professionnelle et le droit de gestion autonome des revenus propres (art. 300), contrairement à la législation antérieure qui ne permettait pas à la femme d'ouvrir et de gérer un compte bancaire sans l'autorisation de son époux. La protection du logement familial y est prévue de sorte que l'un des époux ne peut disposer dudit logement (vendre, donner, etc.) sans l'accord de l'autre. Ce code prévoit, par ailleurs, l'abolition de la coutume comme source de droit[41]. Il institue le principe du mariage monogamique (la polygamie n'étant qu'une option) et le nécessaire consentement au mariage. De plus, il interdit le versement de la dot, les mariages forcés et le lévirat (article 234). Il écarte les concepts de chef de famille et de puissance paternelle au profit de ceux d'égalité, de gestion collégiale et d'exercice conjoint de l'autorité parentale.

Par ailleurs, quand bien même que des termes neutres aient été utilisés dans le code pour proscrire certaines pratiques, par exemple : *« les mariages imposés par les familles et ceux résultant des règles coutumières qui font obligation au conjoint survivant d'épouser l'un des parents du défunt. » (Art. 234),* il faut dire que le législateur a entendu protéger les femmes (épouses ou veuves) et les filles puisque dans la pratique, ce sont les personnes de sexe féminin qui sont principalement victimes de ces types de pratiques coutumières contraignantes et néfastes (le lévirat, le mariage forcé, etc.).

Le CPF écarte toute discrimination fondée sur la race, la couleur, la religion, l'ethnie, la caste ou l'origine sociale en matière de mariage. De façon spécifique, on peut retenir que :

- Le CPF reconnaît le droit des femmes à hériter de leurs parents, de leurs conjoints et de leurs enfants, selon les règles du droit successoral. Il prévoit que les époux sont héritiers l'un de l'autre à concurrence d'un quart en présence d'enfants ou de parents, et de la moitié en leur absence.

-Le CPF garantit le droit de la femme à conserver leur nom patronymique tout en ayant la possibilité d'utiliser celui de son conjoint dans le mariage. La femme peut être autorisée également à utiliser le patronyme de son ex-conjoint, après le divorce, si elle justifie qu'un intérêt particulier s'y attache pour elle ou pour ses enfants.

- Le CPF protège les droits des femmes en matière de régime matrimonial. Il prévoit que les époux peuvent choisir entre trois régimes : la communauté réduite aux acquêts, la séparation des biens ou le régime conventionnel. Il dispose que les biens propres à chaque époux sont ceux qu'il possédait avant le mariage, ceux qu'il a acquis par succession ou donation, et ceux qui sont liés à sa personne. Les biens communs sont ceux acquis pendant le mariage par l'un ou l'autre des époux ou ensemble.

- Le CPF renforce les droits des femmes en matière de divorce. Il prévoit que le divorce peut être prononcé pour faute, par consentement mutuel ou pour rupture de la vie commune. Le code prévoit que le juge peut accorder une prestation compensatoire à l'époux qui subit une disparité dans ses conditions de vie du fait du divorce. Il prévoit également que le juge peut attribuer la garde des enfants à l'un ou l'autre des parents, en tenant compte de l'intérêt des enfants et du respect du droit de visite et d'hébergement.

- Le CPF promeut les droits des femmes en matière d'éducation, de travail et de participation à la vie publique. Il prévoit que les parents ont le droit et le devoir d'assurer l'éducation et l'instruction de leurs enfants, sans distinction de sexe.

Ces dispositions du code des personnes et de la famille du Burkina Faso témoignent de la volonté du législateur de promouvoir l'égalité entre les hommes et les femmes et de protéger les droits des femmes.

La loi 061-2015/CNT du 06 septembre 2015 portant prévention, répression et réparation des violences faites aux femmes et aux filles et prise en charge des victimes aborde les droits des femmes de façon spécifique en prévoyant des mesures de prévention, de répression et de réparation des violences à l'égard des femmes et des filles, ainsi que de protection et de prise en charge des victimes. Cette loi s'applique à toutes les formes de violences à l'égard des femmes et des filles, notamment les violences physiques, morales, psychologiques, sexuelles, économiques, patrimoniales et culturelles. Elle reconnaît que ces violences sont une atteinte aux droits fondamentaux des femmes et des filles et qu'aucune tradition, culture ou religion ne peut être invoquée pour les justifier ou les excuser.

Parmi les mesures spécifiques prévues par la loi 061 CNT, on peut citer :

- La création d'un observatoire national des violences faites aux femmes et aux filles, chargé de collecter, d'analyser et de diffuser les données statistiques sur le phénomène.

- La création de centres d'accueil et d'hébergement pour les femmes et les filles victimes de violences, ainsi que de centres d'écoute et d'accompagnement psychosocial.

- La formation des agents publics et des acteurs sociaux intervenant dans la prévention et la lutte contre les violences faites aux femmes et aux filles.

- La sensibilisation et l'éducation des populations sur les conséquences néfastes des violences faites aux femmes et aux filles, notamment par le biais des médias, des établissements scolaires et des organisations de la société civile.

- La répression des auteurs de violences faites aux femmes et aux filles, avec des peines aggravées en cas de circonstances aggravantes (répétition, grossesse, handicap, etc.) ou de complicité.

- La réparation du préjudice subi par les victimes, avec la possibilité de demander des dommages-intérêts, une pension alimentaire ou une indemnisation.

La loi 061 CNT s'inscrit dans le cadre de la politique nationale du Gouvernement en matière d'égalité entre les femmes et les hommes. Elle s'appuie également sur les engagements internationaux du Burkina Faso en matière de droits humains en général et des droits des femmes en particulier.

Le Code pénal est un texte législatif qui régit les infractions pénales et les sanctions applicables aux auteurs de ces infractions. Il importe de préciser que le législateur burkinabè s'était déjà intéressé à la question de la sanction de certaines violences faites aux femmes et aux filles en érigeant en infraction certains faits dont le mariage forcé, la bigamie, les mutilations génitales féminines, l'abandon de famille, l'adultère, le refus de payer la pension alimentaire, l'incitation des mineurs à la débauche, le proxénétisme, le trafic des femmes et l'exploitation de la prostitution des femmes avant le révision du code intervenue en 2018 . Cependant, au fil du temps, cette législation a montré ses limites en matière de protection des droits des femmes. Ces limites s'observaient principalement à quatre niveaux, tenant notamment à :

1-l'imprécision de certaines dispositions. Il en est ainsi de l'infraction de mariage forcé pour laquelle le législateur n'avait pas pris le soin de préciser que la notion de mariage englobait toutes les autres formes d'union (religieuse, coutumière, etc.), alors que dans la pratique, ces dernières étaient davantage concernées par la problématique comparativement au mariage civil.

2-L'obsolescence des incriminations et des peines limites. L'ancien code paraissait dépassé eu égard au caractère non dissuasif (souplesse) des peines applicables à certaines violences faites aux femmes, qui pourtant prenaient de l'ampleur. C'est le cas de l'infraction de viol dont la peine minimale d'emprisonnement est passée de cinq (5) à sept (7) ans, avec de nouvelles circonstances aggravantes.

3-La lourdeur et la lenteur de la procédure relative à certaines infractions. Cet état de fait impactait négativement l'efficacité de la répression. Certaines procédures ont donc été allégées pour satisfaire aux exigences de célérité et d'efficacité de la répression. Par exemple, l'infraction de viol qui peut désormais être retenue et jugée devant le Tribunal correctionnel.

4-Les insuffisances résultant de la non-incrimination de certains faits caractéristiques de violence à l'égard des femmes au sens des instruments juridiques internationaux. A titre illustratif, l'accusation de sorcellerie qui est désormais érigé en infraction.

La loi 061-2015/CNT du 06 septembre 2015 portant prévention, répression et réparation des violences faites aux femmes et aux filles et prise en charge des victimes est venue pallier ~~à~~ ces lacunes en prévoyant de nouvelles incriminations, des procédures spéciales d'enquête, d'instruction et de jugement, la création de structures spécifiques d'accompagnement des victimes, un fonds d'appui pour la prise en charge des victimes et la création de centres dans les différentes communes pour l'accueil des victimes.

Avec l'adoption du nouveau Code pénal, à travers la loi n°25/AN du 31 mai 2018, l'essentiel du corpus répressif tel que prévu par la loi 061 y a été reversé. Aussi, le législateur a consacré un chapitre spécifique aux atteintes à l'égard des femmes et des filles. Cet élan du législateur s'analyse sur le plan juridique comme une volonté de renforcer la protection des droits des femmes et des filles, qui sont souvent victimes de violences spécifiques liées à leur genre. D'un point de vue sociologique, cela peut être interprété comme une prise de conscience collective du phénomène des violences faites aux femmes et aux filles, qui sont souvent invisibilisées ou banalisées dans la société. En inscrivant ces violences dans le code pénal, le législateur envoie un message fort à la société, en affirmant que ces violences sont intolérables et qu'elles doivent être dénoncées et combattues. Enfin du point du vue féministe, cela peut être considéré comme une avancée dans la lutte pour l'égalité entre les femmes et les hommes, qui passe par la reconnaissance et la réparation des violences subies par les femmes et les filles du fait de leur genre. En créant un chapitre spécifique dans le code pénal, le législateur reconnaît que les femmes et les filles sont discriminées et opprimées dans une société patriarcale, et qu'elles ont besoin d'une protection juridique spéciale pour garantir leur dignité et leur liberté. Ainsi, l'engagement du législateur se résume-t-il en :

- La reprise des anciennes incriminations nuancée par l'aggravation des peines pour l'essentiel.
- Le renforcement du dispositif par l'adjonction de nouvelles incriminations[42].
- L'amélioration du dispositif spécifique aux mutilations génitale féminine par l'incrimination des actes d'apologie.
- L'intégration de nouvelles situations constitutives de l'infraction d'abandon moral, matériel ou affectif.
- L'élargissement de la notion de mariage sur le plan pénal, incluant désormais tout type d'union matrimoniale entre un homme et une femme (civile, coutumière, traditionnelle ou religieuse).
- La prise en compte du mariage précoce au titre de l'infraction de mariage forcé (article 531-1 et suivants).
- La double incrimination du harcèlement en distinguant désormais le harcèlement sexuel (article 533-9) du harcèlement entre partenaires ou ex-partenaires (article 531-11).
- La création d'un nouveau champ dédié aux violences familiales (articles 531-8 et suivants.).
- La suppression de l'interdiction de la dot initialement prévue à l'article 378 de l'ancien code pénal ;

• La réduction, à la simple peine d'amende, du délit d'adultère contrairement à l'article 418 de l'ancien code qui prévoyait une peine d'emprisonnement.

De façon globale, le code pénal aborde les droits des femmes à travers plusieurs dispositions qui visent à protéger leur intégrité physique, morale et sexuelle, à lutter contre les violences basées sur le genre, à promouvoir leur participation à la vie publique et à garantir leur égalité devant la loi. Ainsi :

- Le code réprime les atteintes à la vie et à l'intégrité des personnes, notamment le meurtre, les coups et blessures volontaires, la torture et les traitements inhumains ou dégradants. Il prévoit des circonstances aggravantes lorsque ces infractions sont commises contre une femme enceinte, une personne vulnérable ou une personne ayant autorité sur l'auteur.

- Le code pénal sanctionne les violences sexuelles, notamment le viol, l'attentat à la pudeur, le harcèlement sexuel, la traite des personnes et l'exploitation sexuelle. Il définit le viol comme tout acte de pénétration sexuelle, de quelque nature qu'il soit, commis sur la personne d'autrui par violence, contrainte, menace ou surprise. Le code pénal prévoit des peines allant de cinq ans à la réclusion à perpétuité selon la gravité des faits.

- Le code interdit les pratiques traditionnelles néfastes à la santé des femmes et des filles, telles que les mutilations génitales féminines, le mariage forcé, le mariage précoce, le rapt, etc.

- Le code reconnaît le droit des femmes à exercer une profession, à pratiquer une activité génératrice de revenus, une activité associative et politique, en réprimant l'interdiction faite à la femme sans raison fondée l'exercice desdits droits.

- Le code garantit le principe de l'égalité entre les hommes et les femmes devant la loi. Il réprime tout acte de discrimination, distinctions, exclusion, restriction ou préférence fondée, entre autres, sur le sexe et qui a pour but ou pour effet de détruire ou compromettre la reconnaissance, la jouissance ou l'exercice, dans les conditions d'égalité des droits de l'homme et des libertés fondamentales dans les domaines politique, économique, social et culturel ou dans tout autre domaine de la vie publique[43].

Ces dispositions témoignent de la volonté du législateur de respecter les engagements internationaux du pays en matière de droits des femmes, tels que la Convention sur l'élimination de toutes les formes de discrimination à l'égard des femmes ou le Protocole à la Charte africaine des droits de l'homme et des peuples relatif aux droits des femmes en Afrique.

Le code de procédure pénale du Burkina Faso aborde, également, les droits des femmes de différentes manières.

Il reconnait aux femmes les mêmes droits et garanties que les hommes dans le cadre de la procédure pénale, notamment le droit à la présomption d'innocence, le droit à la défense, le droit à un procès équitable et le droit à un recours. Il garantit leur droit de se constituer partie civile et de demander réparation du préjudice subi.

Le Code de procédure pénale dédie également un chapitre aux violences à l'égard des femmes et des filles (Art. 517). Il y rappelle la possibilité pour toute victime ainsi que celle de toute personne physique ou morale ayant connaissance de telles infractions de saisir les autorités administratives ou judiciaires et l'obligation de ces dernières de donner suite dès leur saisine. Il impose également aux officiers de police judiciaire, aux juridictions d'instruction et de jugement de mettre en œuvre tous les moyens à leur disposition pour assurer la protection de la victime lorsque sa vie est en péril, et le cas échéant la protection de ses enfants mineurs.

Le code de procédure civile du Burkina Faso (loi 040-2019/AN du 29 mai 2019) reconnaît le droit d'accès à la justice pour toute personne victime de violation de ses droits fondamentaux, notamment les droits des femmes et des filles garantis par la Constitution, les conventions internationales, les lois et règlements en vigueur. Il affirme également les droits de la défense pour les parties, qui peuvent se faire représenter ou se faire assister par toute personne de leur choix, suivant ce que la loi permet ou ordonne.

La loi 012-2010/AN portant protection et promotion des droits des personnes handicapées au Burkina Faso ne comporte pas de dispositions spécifiques relatives aux femmes en situation de handicap. Elle établit plutôt que *« La protection et la sécurité des personnes handicapées dans les situations de risques, de conflits, de crises humanitaires et de catastrophes naturelles sont assurées en priorité au même titre que les femmes et les enfants. »* (Art.46).

La loi n°024-2016/AN portant sur la protection et la promotion des droits des personnes âgées a été adoptée au Burkina Faso vise à assurer aux personnes âgées la pleine jouissance de leurs droits fondamentaux et le respect qui leur est dû dans la société. Elle couvre les domaines de la santé, de la solidarité nationale, de la sécurité sociale, des sports, des loisirs, des arts, de la culture, de la communication, des transports, de la participation à la vie publique et politique, de la justice, des libertés publiques, de l'emploi, de la formation professionnelle et du logement.

Cette loi ne fait pas de distinction entre les hommes et les femmes âgés, mais elle reconnaît que certaines catégories de personnes âgées sont plus vulnérables que d'autres et prévoit des mesures propres à renforcer leur protection. Ainsi, au même titre que les hommes âgés, les femmes âgées bénéficient en priorité de l'assistance judiciaire lorsqu'elles sont indigentes, de garanties visant à assurer leur traitement avec dignité, aussi de la protection de l'État contre la violence, l'exclusion sociale pour allégation de sorcellerie ou non, la maltraitance, l'abandon. Elle prévoit la répression de ceux qui se rendent coupables desdits faits. Elle engage l'État à promouvoir l'emploi et la formation professionnelle des personnes âgées.

La loi n° 042-2008/AN portant statut des réfugiés au Burkina Faso s'applique à tout demandeur d'asile et réfugié, sans discrimination, notamment au regard de son genre, de sa religion, de sa race ou de sa nationalité. Elle reconnaît le droit d'asile comme un droit fondamental et garantit aux réfugiés la protection nécessaire, conformément aux conventions internationales et régionales relatives aux réfugiés.

La loi ne fait pas mention spécifique des droits des femmes réfugiées, mais elle prévoit que les membres de la famille d'un réfugié qui l'accompagnent ou le rejoignent peuvent bénéficier du statut dérivé de réfugié, sous réserve des vérifications nécessaires.

La loi 10-93 ADP du 17 mai 1993 portant organisation judiciaire au Burkina Faso prévoit que l'assistance judiciaire est accordée aux personnes qui se trouvent dans l'impossibilité, en raison de leur indigence, d'exercer leurs droits en justice. Elle s'applique en matière sociale, civile, commerciale, administrative et pénale. Elle peut être totale ou partielle, selon la décision de la commission d'assistance judiciaire installée auprès du tribunal de grande instance du lieu du domicile du requérant.

Le décret n° 2016-185/PRES/PM/MJDHPC/MINEFID du 11 avril 2016 portant organisation de l'assistance judiciaire au Burkina Faso vient compléter la loi en précisant les conditions générales, les modalités de demande, les bénéficiaires et les prestations de l'assistance judiciaire. Il crée également le Fonds d'assistance judiciaire (FAJ) qui est chargé de mettre en œuvre la prise en charge des bénéficiaires.

Ces textes ne font pas mention spécifique des droits des femmes, mais ils reconnaissent que certaines catégories de personnes sont plus vulnérables que d'autres et qu'elles doivent bénéficier d'une protection renforcée. Ainsi, ils prévoient des actions spécifiques au profit des groupes cibles tels que les enfants victimes de traite ou en conflit avec la loi, les enfants non assistés et ceux dont les parents sont indigents, les victimes d'actes d'atteintes à la vie ou à l'intégrité corporelle, les personnes en charge d'enfant mineur dans les procédures de pension alimentaire ou de contribution aux charges du ménage, le conjoint en charge d'enfant mineur en instance de divorce et les veuves en charge d'orphelins mineurs dans les procédures de succession. Ces groupes cibles comprennent notamment des femmes qui sont exposées à des situations de précarité, de violence ou de discrimination.

B. Des droits politiques, économiques, sociaux et culturels

Les droits politiques, en tant que droits reconnus à toute personne de prendre part à la gestion de la chose publique, sont reconnus au Burkina Faso à tout citoyen sans distinction fondée sur le sexe. Ils sont prévus essentiellement par la Constitution, le Code électoral, la loi sur le quota et les modalités de positionnement des candidates et des candidats aux élections législatives et municipales, ainsi que les différents arrêtés et décisions de la Commission électorale nationale indépendante (CENI). En effet, la Constitution pose le principe d'égalité de tous les burkinabè, le droit de chacun de participer à la gestion des affaires de la société, d'être électeur et éligible lors des différentes élections présidentielles, législatives et municipales. Elle interdit toute discrimination en la matière (Art. 11-13). Il peut dès lors être retenu que les femmes bénéficient des mêmes droits politiques que les hommes de sorte qu'elles peuvent librement voter, créer et adhérer à des partis politiques, être élues ou nommées à des fonctions politiques sans aucune autorisation préalable. Aussi, le Code général des collectivités territoriales confère à l'homme et à la femme les mêmes droits de participation à l'action citoyenne et à la gestion des affaires locales.

Quant au code électoral, il précise les modalités d'organisation des élections, les conditions de candidature, de participation des citoyens au choix des élus dans le respect du principe d'égalité. La Commission Électorale Nationale Indépendante CENI) veille au respect de ces dispositions et publie des rapports statistiques sur la participation des femmes aux élections. Le Code électoral ne prévoit pas de distinction fondée sur le sexe. Cela dit, tous les burkinabè jouissent des droits civiques et politiques dans les conditions prévues par la loi. Cependant, l'application de ces préceptes s'est avérée insuffisant pour garantir la représentativité des femmes au sein des organes décisionnels dans la mesure où elles étaient le plus souvent placées en fin de liste, réduisant du même coup toute chance d'être élues. C'est pourquoi en 2009, pour assurer une meilleure représentativité des femmes, il a été adopté la loi 010-2009/AN portant fixation de quotas aux élections législatives et municipales qui, par la suite, a été abrogée et remplacée par la loi 003-2020/AN portant fixation de quota et modalités de positionnement des candidates et des candidats aux élections législatives et municipales. Celle-ci prévoit en son article 3 que : « *Les listes de candidatures présentées par un parti politique, regroupement de partis politiques ou regroupement d'indépendants sur l'ensemble des circonscriptions électorales où il est en compétition, comporte en tête de liste titulaire, au moins 30% de l'un et l'autre sexe.* ».

Les droits économiques sont reconnus à tout burkinabè dans la Constitution et dans de nombreux autres textes portant sur des domaines spécifiques tels que la loi n°034-2012 portant Réorganisation Agraire et Foncière et la loi n°034-2009 portant régime foncier rural au Burkina Faso. En effet, la Constitution burkinabè garantit le droit de propriété et la liberté d'entreprise à tout citoyen sans distinction fondée sur le sexe. Il s'ensuit que la femme peut posséder des biens et mener des activités génératrices de revenus. Ainsi, en son article 15, elle prévoit expressément que le droit de propriété est garanti et que *nul* ne saurait être privé de sa jouissance sauf pour cause d'utilité publique et son article 16 garantit la liberté d'entreprise dans le cadre des lois et règlements.

La loi n° 034-2012/AN du 02 juillet 2012 portant réorganisation agraire et foncière au Burkina Faso est le texte de base qui détermine le statut des terres du domaine foncier national, les principes généraux qui régissent l'aménagement et le développement durable du territoire, la gestion des ressources foncières et des autres ressources naturelles ainsi que la réglementation des droits réels immobiliers. Elle comprend également les orientations d'une politique agraire. Cette loi s'applique à tout le domaine foncier national, sans distinction entre les zones urbaines et rurales. Elle reconnaît le principe de genre et celui du respect des droits humains comme faisant partie des principes généraux qui doivent guider l'action publique en matière agraire et foncière. Elle induit la prise par l'État de mesures pour assurer l'égalité des droits et des chances entre les hommes et les femmes dans l'accès, la jouissance et le contrôle des terres. Elle garantit aux femmes le droit de participer aux instances de gestion foncière à tous les niveaux. Elle interdit toute discrimination fondée sur le genre dans la délivrance, la transmission ou la cession des droits fonciers. En plus, son article 131 prévoit expressément que l'élaboration des cahiers des charges pour l'occupation ou l'exploitation des terres rurales aménagées se fait en tenant compte du genre.

La loi N°034-2009/AN du 16 juin 2009 portant régime foncier rural prévoit en son article 7 la reconnaissance et la protection des droits de propriété, de jouissance, des possessions foncières et des droits d'usage de l'ensemble des acteurs sur les terres rurales. Elle favorise l'accès équitable de l'ensemble des acteur-trice-s ruraux aux terres rurales sans distinction d'origine ethnique, de sexe, de religion, de nationalité et d'appartenance politique.

Les droits sociaux et culturels intéressant notamment l'éducation, la formation, la santé, le travail, la sécurité sociale, la liberté d'association, les loisirs et la création artistique sont tous reconnus à tout burkinabè sans distinction aucune (article 18 de la Constitution). Relativement à l'éducation, la loi fondamentale prévoit expressément que tout citoyen a droit à l'instruction (article 27).

La **loi n°013-2007/AN du 30 juillet 2007 portant loi d'orientation de l'éducation** définit les principes, les objectifs, les structures et les modalités de l'éducation et de la formation professionnelle au Burkina Faso. Elle affirme le droit à l'éducation pour tous, sans discrimination aucune, et reconnaît le rôle essentiel de l'éducation dans le développement humain, social, culturel et économique du pays. Elle fait de l'éducation une priorité nationale. Elle prévoit notamment la gratuité de l'enseignement primaire public, l'obligation scolaire jusqu'à 16 ans, la promotion de l'alphabétisation et des langues nationales, la diversification des filières et des parcours, la participation des acteurs éducatifs, etc. Elle fixe comme un des objectifs du système éducatif burkinabè d'assurer l'égal accès à un enseignement scientifique, technique et professionnel (Art.15). Ce système vise à assurer un développement intégral et harmonieux de l'individu en développant en lui, entre autres, l'esprit de solidarité, d'équité, d'intégrité, de justice, de loyauté, de tolérance et de paix (Art.13).

Le décret n°2017-0120/PRES/PM/MEF du 27 janvier 2017 portant adoption du Plan sectoriel de l'éducation et de la formation (PSEF) 2017-2030 approuve le document stratégique qui oriente les politiques et les programmes du secteur de l'éducation et de la formation pour la période 2017-2030. Le PSEF s'inscrit dans le cadre de la mise en œuvre du Plan national de développement économique et social (PNDES) 2016-2020 et de l'Agenda 2030 pour le développement durable. Il vise à assurer une éducation de qualité, inclusive et équitable pour tous les burkinabè, en cohérence avec les besoins du marché du travail et les aspirations du pays. Il repose sur de nombreux piliers stratégiques, dont l'un est l'équité et l'inclusion dans l'accès, le maintien et la réussite scolaire. Il retient parmi ses principes directeurs, *« l'équité/genre dans l'éducation et la formation. »* pour fournir les meilleures opportunités à tous les élèves afin qu'ils puissent libérer pleinement leur potentiel et remédier aux situations de désavantage qui compromettent les résultats scolaires. Il s'engage dans la prise de toute mesure/action spéciales pour lutter contre les handicaps historiques et sociaux qui empêchent les élèves de bénéficier d'une éducation équitable, pour assurer l'équité et l'égalité de résultat.

Il retient l'équité dans l'éducation comme un moyen pour parvenir à l'égalité notamment en fournissant les meilleures opportunités à tous les élèves afin qu'ils puissent libérer pleinement leur potentiel et remédier aux situations de désavantage qui compromettent les résultats scolaires. Il projette la sensibilisation pour la scolarisation des filles. Il envisage la subvention des frais de scolarités, dans le post-primaire et le secondaire, des filles en difficultés dans les communes prioritaires, l'intégration des recommandations de la stratégie nationale d'accélération de l'éducation des filles, notamment par les actions de mobilisation sociale et de renforcement des capacités des acteurs à tous les niveaux éducatifs et de formation.

Le Programme d'appui à la mise en œuvre du Plan sectoriel de l'éducation et de la formation (PAMO-PSEF) présente les résultats attendus, les indicateurs de suivi-évaluation, les activités planifiées, les coûts estimatifs, les sources de financement, les responsabilités institutionnelles et les modalités de coordination du secteur de l'éducation et de la formation. Il intègre une approche sensible au genre dans toutes ses composantes, en tenant compte des disparités entre les filles et les garçons, entre les femmes et les hommes, dans l'accès à l'éducation et à la formation, dans la qualité des apprentissages, dans la gestion du système éducatif, etc. Il prévoit ainsi des interventions spécifiques pour promouvoir l'égalité des chances entre les genres, comme : la mise en œuvre d'un plan d'action national pour l'éducation des filles, la création d'un observatoire du genre dans l'éducation, la révision des curricula et des manuels scolaires pour intégrer la dimension genre, la formation des enseignants et des formateurs à l'éducation à la citoyenneté et au genre, etc.

Le droit au travail est reconnu et est égal pour tous au Burkina Faso. Il est interdit de faire des discriminations en matière d'emploi et de rémunération, notamment en se fondant sur le sexe. (Article 19 de la Constituions).

Le travail et la sécurité sociale au Burkina Faso sont réglementés par plusieurs textes de loi et décrets, dont les principaux sont la loi n°081-2015/CNT portant statut général de la fonction publique d'État qui prévoit l'égalité d'accès aux emplois publics sans discrimination de sexe (article 16) ; la loi n° 28-2008/AN du 13 mai 2008 portant code du travail au Burkina Faso qui fixe les règles générales relatives aux relations individuelles et collectives de travail, aux conditions de travail, à la formation professionnelle, à l'emploi, à l'inspection du travail et au règlement des conflits du travail. Cette loi s'applique à tous les travailleurs et employeurs du secteur privé, ainsi qu'aux travailleurs non-fonctionnaires de l'État et des autres personnes morales de droit public. Elle reconnaît le principe de l'égalité des droits et des chances entre les hommes et les femmes dans le domaine du travail. Elle interdit toute discrimination fondée sur le sexe, l'état matrimonial, la grossesse ou la maternité. Elle prévoit l'égalité salariale entre hommes et femmes pour les emplois de même niveau et institue des conditions de travail adaptées à la situation des femmes, surtout relativement à la maternité[44]. Elle garantit aux femmes le droit à la protection de la santé, à la sécurité au travail, au congé de maternité, à l'allaitement et à la réinsertion professionnelle. Elle prévoit également des mesures spécifiques pour favoriser l'accès des femmes à l'emploi, à la formation professionnelle et à la promotion sociale.

La loi n° 004-2021/AN du 06 avril 2021 portant régime de sécurité sociale applicable aux travailleurs salariés et assimilés au Burkina Faso institue un régime de sécurité sociale obligatoire pour tous les travailleurs salariés et assimilés, sans distinction de race, de nationalité, de sexe ou d'origine sociale. Elle comprend plusieurs branches qui couvrent les risques liés à la maladie, à la maternité, aux accidents du travail, aux maladies professionnelles, à la vieillesse, à l'invalidité et au décès. Elle prévoit également une action sanitaire et sociale en faveur des assurés et de leurs ayants droit. Tous les travailleur-e-s soumis aux dispositions du code du travail sont assujettis à ce régime sans aucune distinction fondée sur le sexe. Elle prévoit des allocations prénatales au profit des salariées ou conjointes de salariés, des allocations familiales au profit de leurs enfants, des prestations de maternité au profit des salariées se déclinant en indemnités compensatrices de perte salaire pendant la durée du congé de maternité et de prestations en nature, y compris les frais d'accouchement dans certaines conditions.

Ainsi, la femme en état de grossesse ou en couche est prise en compte par le Code du travail et le Code de sécurité sociale à travers, entre autres, les allocations prénatales, les indemnités journalières dues pour raison de couche, les congés de maternité, l'impossibilité de licenciement pendant la période, etc. Le législateur a entendu, par ces dispositions, renforcer la protection des femmes salariées. Ces différents avantages sont aussi prévus par le statut général applicable aux agents de la fonction publique et les statuts particuliers dont bénéficient certaines catégories d'agents de l'État.

Relativement au droit à la santé, l'article 26 de la Constitution le reconnaît et prévoit que l'État œuvre à le promouvoir. Cela inclut, pour les femmes, l'accès aux soins de santé primaires notamment en matière de santé maternelle et infantile ainsi que le bénéfice des moyens préservant la santé tels que les moyens de maîtrise de la fécondité.

La loi n°23/94/ADP portant code de la santé publique du Burkina Faso aborde les droits des femmes dans plusieurs domaines, notamment :

- La protection sanitaire de la famille et de l'enfance, qui comprend la santé maternelle et infantile, la planification familiale et l'avortement. Le code reconnaît le droit des femmes à bénéficier de services de santé de qualité, à choisir librement le nombre et l'espacement de leurs enfants, et à recourir à l'avortement dans des conditions légales et sécurisées.

- La lutte contre certains fléaux sociaux dont la prostitution. Le code envisage la prévention et à la réduction des risques liés à ces pratiques, qui affectent particulièrement les femmes et les filles. Il prévoit des mesures d'éducation, de sensibilisation et de prise en charge.

- La protection de la santé des travailleurs, qui concerne aussi les femmes exerçant une activité professionnelle. Le code impose aux employeurs de respecter les normes d'hygiène et de sécurité au travail, de prévenir les accidents et les maladies professionnelles, et de faciliter l'accès aux soins médicaux pour les travailleurs.

- La protection des handicapés, des personnes âgées des personnes atteintes de maladie mentale, qui inclut les femmes souffrant d'un handicap ou ayant atteint un certain âge. Le code garantit le droit des personnes concernées handicapées à bénéficier d'une assistance médicale adaptée à leurs besoins.

De plus, **la loi n°049-2005/AN du 21 décembre 2005 portant santé de la reproduction** accorde une protection spécifique aux femmes et prône le principe d'égalité et de non-discrimination. Elle définit la santé de la reproduction comme étant « *l'état de bien-être général tant physique, mental, moral que social de la personne humaine pour tout ce qui concerne l'appareil génital, ses fonctions et son fonctionnement.* » (Article 2). Elle rappelle le droit qu'a tout individu de décider librement et avec discernement du nombre de ses enfants ainsi que de l'espacement de ses naissances. Elle affirme le droit de toute femme à un accouchement assisté par un personnel de santé qualifié. Elle interdit les violences, sévices sexuels, la pratique de la torture, des traitements inhumains ou dégradants sur le corps ou plus spécifiquement sur les organes de reproduction de tout individu sans distinction d'âge ou de sexe. Elle prévoit l'assistance des personnes atteintes des Infections sexuellement transmissibles (IST) ou de VIH/SIDA, mais aussi l'obligation pour celles-ci d'informer leurs partenaires de leur statut sérologique. Elle sanctionne entre autres la contamination volontaire du VIH/SIDA et intègre dans les prestations et services de santé et de la reproduction, la lutte contre les pratiques traditionnelles néfastes dont l'excision, les violences sexuelles et domestiques.

II- Des garanties institutionnelles soutenues

A. L'essor des organisations étatiques

L'engagement de l'État en faveur de la promotion de la femme s'est matérialisé par la création, dès 1997, d'un ministère en charge de la promotion de la femme ayant pour mission, au niveau central, de coordonner et d'impulser des actions en faveur de la femme, et ce en relation avec les autres départements ministériels. Il s'occupe de l'élaboration de stratégies de promotion de la femme et de la jeune fille, du suivi-évaluation des différentes stratégies, de la promotion de l'égalité et des droits fondamentaux de la femme, de la coordination des actions auprès des partenaires intervenant dans ce domaine ainsi que de l'élaboration et de la mise en œuvre de la Politique Nationale Genre. Ce ministère se charge d'assurer la mise en œuvre et le suivi de la politique du gouvernement en matière de promotion de la femme et du genre. Il s'investit pour la réduction des inégalités entre les sexes en vue d'un développement humain équitable et durable du Burkina Faso.

Pour la promotion des droits des femmes, le ministère intervient à plusieurs niveaux, notamment dans :

- L'élaboration, l'amélioration et la vulgarisation des instruments juridiques nationaux et internationaux en faveur des droits des femmes et des filles et la promotion de leur application. Ainsi, le ministère a contribué à l'adoption de la loi portant prévention, répression et réparation des violences à l'égard des femmes et des filles et prise en charge des victimes en 2015.

- La promotion de l'accès des femmes aux sphères de décision et le renforcement des capacités des femmes élues et nommées.

- La valorisation de l'expertise féminine et l'appui à la modernisation des métiers traditionnels des femmes. Ainsi, le ministère a soutenu des initiatives de formation et d'insertion professionnelle des femmes dans les domaines de l'agriculture, de l'artisanat, de l'énergie solaire, etc.

- La coordination et le suivi des actions en faveur de la femme auprès des partenaires et des structures concernés.

Le ministère a également, sous son autorité, le Secrétariat permanent du Conseil national pour la promotion du genre (SP/CNPG) qui est chargé de coordonner les activités relatives à l'intégration du genre dans les politiques, programmes et projets de développement. Le SP/CNPG assure également le suivi-évaluation de la mise en œuvre du Plan national d'action pour la promotion du genre qui est le cadre stratégique de référence pour la promotion du genre au Burkina Faso. Organe national de décision et d'orientation en matière de genre, le Conseil national pour la promotion du genre (CNPG) est représenté au niveau régional et communal par des conseils régionaux et communaux pour la promotion du genre. Il est également créé au sein des institutions et départements ministériels des organes permanents de coordination chargés de veiller à la prise en compte du genre dans les plans et programmes sectoriels.

Le ministère de la promotion de la femme a aussi en charge l'élaboration d'une stratégie nationale d'éradication des pesanteurs socioculturelles et des pratiques traditionnelles néfastes qui constituent des violences à l'égard des femmes. Il a porté la Commission nationale de lutte contre les discriminations faites aux femmes (CONALDIS) qui avait en charge le suivi de la mise en œuvre effective de la CEDEF et la soumission de rapports périodiques. À travers sa Direction Générale de la promotion de la femme, le Ministère accompagne les actions menées dans le cadre de la Commission Nationale de Suivi de la mise en œuvre des engagements du Burkina Faso en faveur de la femme (CNSEF). Cette commission, créée le 28 juillet 2008, est désormais l'organe consultatif qui émet des avis et des recommandations sur la mise en œuvre des engagements du Burkina Faso en faveur des femmes. Elle a pour mission de répertorier des actes tenant lieu d'engagements du Burkina Faso dans tous les domaines favorables à la femme ; de veiller à la mise en œuvre effective des différents engagements et au respect des calendriers de production des rapports de situation pour les engagements dotés d'un mécanisme de suivi ; de soutenir la ratification d'instruments juridiques existants ou à venir, favorables à la promotion de la femme. Le Ministère en charge de la promotion de la femme a également en charge de structurer les actions en faveur de l'accès des femmes aux moyens de production, au crédit et à l'emploi ; d'initier et de mettre en œuvre des activités d'information et de sensibilisation relatives au respect et à l'exercice des droits fondamentaux de la femme et de la fille.

Toujours au niveau étatique, on retrouve le Conseil national pour la promotion du genre doté d'un Secrétariat permanent et le Centre d'information, de formation et de recherche-action sur la femme et le Genre (CITRAFG) qui œuvrent, chacun suivant ses attributions, à la promotion de la femme burkinabè. Par ailleurs, il a été institué dans des ministères et institutions des points focaux ou des cellules chargées des questions du genre.

Au profit de certains domaines spécifiques, des organes ont été créés parmi lesquels on dénombre le Conseil national de lutte contre la pratique de l'excision, doté aussi d'un secrétariat permanent, dont l'un des principaux objectifs est de contribuer à la promotion de l'abandon des mutilations génitales féminines dans la perspective de la tolérance zéro.

B. L'intervention des acteurs non étatiques

Au Burkina Faso, il existe de nombreuses associations et organisations non gouvernementales (ONG) qui s'activent dans le domaine de la promotion et de la protection des droits des femmes. Il a ainsi été institué l'Observatoire de la coalition des femmes regroupant une vingtaine d'associations travaillant en réseau pour la promotion de la femme. Il existe aussi des associations spécialisées dont l'Association des femmes élues du Burkina Faso (AFEB), l'Association des femmes juristes du Burkina Faso (AFJBF), etc.

Selon leur mode d'action, on observe qu'il y a des associations et ONG qui travaillent pour la promotion et la protection des droits des femmes dans leur secteur d'activité. On y retrouve la plupart des ONG internationales telles que Plan international Burkina, Catholic Relief Service, Oxfam, Amnesty international, OCADES, l'AEDH. Nous avons, par ailleurs, les ONG et associations de développement dont la vocation première est la promotion et la protection des droits des femmes. On peut citer, entre autres, l'association POGSADA, l'AVOB, Marche mondiale des Femmes, Voix de Femmes, COBUFADE, RECIF/ONG, GASCODE.

Dans la mise en œuvre des actions de promotion et de protection des droits des femmes, les structures étatiques et non étatiques bénéficient de l'appui et de l'accompagnement de nombreux partenaires techniques et financiers (PTF) qui regroupent les différents organismes du système des Nations Unies (UNFPA, UNICEF, UNIFEM, OMS, PNUD, FAO etc.) et les partenaires bilatéraux tels que l'Allemagne, la Suisse, les Pays-Bas, le Danemark, le Canada, la Chine, les Etats-Unis, etc. Les différents appuis prennent plusieurs formes dont les plus usuelles sont l'appui technique par la mise à disposition d'un expert dans le domaine, l'appui financier des activités de sensibilisation, l'appui dans la recherche et les études, etc. La prise en compte du genre dans les stratégies de développement ayant été unanimement reconnue comme une condition pour l'atteinte des objectifs de développement, il a été convenu de favoriser la concertation et la coordination des efforts. Cette volonté s'est traduite par la création d'un Cadre de Concertation Genre (CCG) en 2002, avec pour objectif de stimuler la synergie des efforts des PTF, renforcer le dialogue et améliorer l'échange d'informations sur le Genre et Développement (GED), renforcer la capacité des partenaires en GED et promouvoir la complémentarité des interventions dans le domaine. Par la suite, les PTF ont mis en place en 2005, le Fonds Commun Genre (FCG) pour soutenir les efforts des partenaires nationaux qui œuvrent pour la promotion et le développement du genre au Burkina Faso. Ce fonds vise à renforcer la prise en compte transversale du genre grâce à une meilleure coordination du financement des activités sur le genre, une synergie d'actions des PTF et une augmentation de la transparence dans la gestion des ressources allouées. Il contribue à la réduction des inégalités de genre au Burkina Faso, en finançant des projets portés par des organisations de la société civile (OSC), des institutions publiques et des collectivités territoriales, qui visent à renforcer les capacités des acteurs, à promouvoir les droits des femmes et des filles, à lutter contre les violences basées sur le genre, à favoriser l'autonomisation économique et sociale des femmes et des filles, et à améliorer la gouvernance du genre.

Le fond Commun genre dispose d'un plan stratégique 2019-2023, qui s'articule autour de quatre axes d'intervention : i) le renforcement du cadre institutionnel, juridique et normatif pour la promotion du genre ; ii) le renforcement des capacités des acteurs de la promotion du genre ; iii) le développement du capital humain des femmes et des filles ; iv) le renforcement de la participation des femmes aux prises de décisions.

Cette liste non exhaustive témoigne de l'abondance d'institutions intervenant en matière de promotion et de protection des droits des femmes au Burkina Faso.

Section 2 : Des politiques favorables à la réalisation des droits des femmes au Burkina Faso

Paragraphe 1 : Des politiques publiques axées sur les failles

Suivant les progrès réalisés sur le plan international et régional, l'État a mis en application différents concepts, de la période de l'indépendance à nos jours. Certains concepts et stratégies se sont succédé pendant que d'autres ont été développés de façon concomitante. Il s'agit, entre autres :

- En 1967, du concept d'égalité d'accès de la femme et de la fille à l'école ;
- En 1975, du concept de l'intégration des femmes dans le développement ;
- En 1990, de l'approche Femmes et Développement ;
- Entre 1994-2000, du plan d'action pour l'éducation des filles dont l'objectif était de voir augmenter le taux de scolarisation des filles. Dans cette perspective, des mesures ont été prises par l'État pour la suppression des stéréotypes qui perpétuent la discrimination dans les manuels scolaires, en plus de diverses autres mesures dont l'octroi de bourses scolaires.
- En 1997 les stratégies nationales pour le renforcement du rôle de la femme dans le processus de développement, fondées sur cinq principes fondamentaux visant la prise en compte effective des femmes. Ces stratégies avaient pour finalité d'améliorer la situation socio-économique des femmes, à mener une large sensibilisation sur leur rôle, à renforcer leur participation aux prises de décisions, à

éliminer les entraves qui les affectent, et à mettre en œuvre des actions spécifiques au profit des groupes cibles.

L'engagement des acteurs politiques ne laissait plus de place au doute. Ainsi, l'ancien Chef d'État, Blaise COMPAORE (1987-2014), dans son « *Programme de Développement Solidaire* » soulignait la nécessité d'impliquer les femmes dans la gestion des affaires de la cité et, à maintes occasions, celui-ci rappelait la volonté politique de donner à la femme un statut et des conditions de vie meilleures. C'est pourquoi, il déclarait à l'occasion de la fête de l'indépendance le 11 décembre 1990 que : « *le 21e siècle sera celui de la femme dont le statut connaîtra une grande évolution au triple plan social, économie et politique.* ».

Le département ministériel consacré à la femme s'est, pour sa part, doté successivement de plans d'action en vue de la promotion et de la protection des droits des femmes. Il en est ainsi du plan triennal 1998-2000 consacré essentiellement à la mise en œuvre du programme d'action de Beijing ; en 2002, un second plan d'action intervenait en vue de corriger les insuffisances du premier, traduire dans les faits les nouveaux engagements et constituer un cadre de référence pour les différents acteurs intervenant dans le domaine. Puis en 2004, était adoptée la Politique nationale de promotion de la femme (PNPF) et un plan couvrant la période 2006-2010 intervenait pour mieux relever les défis liés à la situation de la femme. Également, il est intervenu la Politique Nationale Genre (PNG) qui s'est étalée sur la période 2009-2019. Elle avait pour fondement essentiel les différents engagements pris par le Burkina Faso aux niveaux international et régional pour lever les obstacles au développement liés aux inégalités et disparités entre les genres dans les différents domaines. Elle agissait en synergie avec le plan national de bonne gouvernance, la Lettre de politique de Développement Rural Décentralisé (LPDRD), le Cadre Stratégique de Lutte contre la Pauvreté (CSLP), les Objectifs du millénaire pour le Développement (OMD), la Perspective Burkina 2025, Le Nouveau partenariat pour le développement de l'Afrique

(NEPAD), la plate-forme d'action de Beijing, l'Éducation pour tous (EPT).

I- La Stratégie Nationale Genre (SNG 2020-2024)

La SNG vise à éliminer les inégalités et disparités entre les hommes et les femmes dans tous les domaines et à promouvoir la jouissance effective des droits humains par toutes les couches sociales.

L'objectif global de la SNG est de « *favoriser l'instauration de l'égalité entre les sexes et l'autonomisation des femmes et des filles au Burkina Faso* ». Elle retient cinq (05) axes stratégiques que sont la promotion de l'équité d'accès aux services sociaux de base et de promotion sociale, l'accès égal à la justice et à la protection juridique, l'autonomisation économique des femmes et des filles, la participation, la représentation et l'influence politique égales, enfin la coordination et le pilotage des actions.

Tout comme la PNG, la SNG intervient en synergie avec d'autres plans et programmes.

II- Des politiques spécifiques

Parallèlement à la SNG, il existe certaines politiques nationales qui intègrent la question d'égalité entre les hommes et les femmes comme une condition et un principe directeur pour parvenir au développement socio-économique. En plus de celles qui agissent en synergie avec la SNG, on retient la Politique nationale de la population, le deuxième plan national pour le développement économique et social (PNDES-II) 2021-2025 adopté le 30 juillet 2021 qui vise, en tant que référentiel des interventions de la période, à « ... *promouvoir l'égalité des sexes et l'autonomisation des femmes et des filles »*. Ce plan fait de l'équité et de la prise en compte du genre, l'un de ses principes-directeurs.

Par ailleurs, il existe de multiples politiques sectorielles qui intègrent la question de l'égalité femmes-hommes dans leurs programmes et stratégies d'action. En effet, l'État, à travers divers ministères dont celui de l'environnement, de l'agriculture, de l'élevage, de l'éducation, etc., a mis en place des dispositifs pour une prise en compte effective de la problématique de l'égalité et de la non-discrimination.

À cela s'ajoutent multiples et multiformes stratégies et mesures visant la promotion des droits des femmes, parmi lesquels il peut être cité :

- La stratégie nationale d'accélération de l'éducation des filles 2012-2021 qui a entendu contribuer à la mise en place d'un système éducatif débarrassé de toutes les formes d'inégalités et d'iniquités de genre assurant aux filles comme aux garçons les conditions essentielles pour leur accès, leur maintien et leur réussite scolaire et professionnelle.
- Le plan stratégique national pour la promotion de l'élimination des mutilations génitales féminines au Burkina Faso (2016-2020) qui a visé la réductione, à terme, du taux de prévalence de l'excision de 20%, singulièrement dans la tranche d'âge de 0-14 ans ;
- La stratégie nationale de promotion et de protection de la jeune fille (2017-2026). Cette stratégie vise l'épanouissement et à la pleine participation de la jeune fille au développement du Burkina Faso ;
- La stratégie nationale de promotion de l'entrepreneuriat féminin (2016-2025). Elle entend contribuer à l'autonomisation économique de la femme. De façon spécifique, elle vise à (i) améliorer le cadre institutionnel et juridique pour la promotion de l'entrepreneuriat féminin ; (ii) améliorer l'accès et le contrôle des femmes et des filles aux moyens de production (ressources naturelles, financière, technologiques, infrastructures et équipements) ; (iii) développer des opportunités pour l'emploi et l'auto emploi des femmes et des filles ;

(iv) favoriser l'écoulement des produits des femmes et des filles ; (v) renforcer les capacités techniques des femmes et des filles entrepreneures ;

- La stratégie nationale de prévention et d'élimination du mariage d'enfants (2016-2025). Elle a pour objectif d'accélérer l'élimination du mariage d'enfants sous toutes ces formes ;

- La mesure de gratuité des soins au profit des femmes enceintes et les enfants de moins de cinq ans, adoptée par décret n° 2016-311/ PRES/PM/MS/MATDSI du 29 avril 2016 ;

- La mesure de gratuité des services de la planification familiale instituée par le décret n° 2019 -40 /PRES/PM/MS/MFSNF/ MFTPS/MATD/MINIFED portant gratuité des soins et des services de la planification familiale au Burkina Faso;

- L'inscription de la budgétisation sensible au genre et aux droits de l'enfant (BSGDE) dans la circulaire budgétaire de 2019 pour six (6) ministères pilotes, matérialisant l'engagement du pays à promouvoir le genre et les droits de l'enfant à travers le budget. Cette inscription a été étendue sur douze (12) autres ministères pour le budget 2020.

- L'adoption du plan d'actions national de mise en œuvre des résolutions 1325, 1820 et 2242 du Conseil de sécurité des Nations unies (2019) ;

Paragraphe 2 : Des acteurs non étatiques à l'œuvre

I- Des ONG et associations déterminées

Les différents acteurs de la société civile jouent un rôle remarquable dans l'accompagnement de l'État pour la réalisation de ses objectifs. Intervenant directement sur le terrain, ils sont très efficaces parce que déjà imprégnés des réalités sociales et fortement imbriqués dans la population. Ils mènent diverses activités sur le terrain et obtiennent des résultats encourageants.

Les méthodes et approches développées par ces acteurs sont multiples et multiformes. Celles-ci peuvent être regroupées en plusieurs grandes stratégies. Il s'agit notamment de celles qui tendent à prévenir les atteintes aux droits des femmes. Elles sont développées à travers des stratégies de sensibilisation diverses dont certaines novatrices, à savoir l'approche par les droits humains, l'éducation par les pairs et l'éducation par les leaders communautaires. Ces approches ont été fortement utilisées dans le cadre de la lutte contre la pratique de l'excision par des ONG et associations telles que Mwangaza et TOSTAN. On compte aussi des stratégies d'accompagnement et de prise en charge des victimes de violence. Celles-ci sont développées à travers l'appui-conseil par certaines associations dont l'AFJBF, Voix des Femmes, l'AEDH et à travers l'hébergement des personnes en difficulté dans des centres d'accueil. Des stratégies ont également été développées auprès des responsables coutumiers et religieux pour obtenir leur adhésion à la cause des femmes. Il s'est agi de s'attaquer aux barrières liées aux pesanteurs socioculturelles pour répondre à certaines difficultés spécifiques rencontrées par les femmes et les filles. Ces stratégies ont été utilisées pour répondre à la problématique de l'accès et du maintien des filles à l'école, du mariage précoce ou forcé, de l'excision, de l'autonomisation des femmes, de la lutte contre les pratiques culturelles néfastes. D'autres stratégies n'ont concerné que les leaders coutumiers et religieux en raison du rôle significatif que ceux-ci jouent dans l'évolution des coutumes et pratiques religieuses discriminatoires à l'égard des femmes et en raison de leur place dans le règlement de certains contentieux dans leurs communautés.

Il s'observe enfin des stratégies communes, développées par ces acteurs en réseau pour mieux impacter. Il en est ainsi de celles mises en œuvre par le Secrétariat permanent des ONG (SPONG) qui fait de la problématique du genre, l'un de ses axes stratégiques. Il en est de même de la Coordination des ONG et Associations féminines, RECIF/ONG-BF qui vise le renforcement de la position et du pouvoir des femmes dans les ONG et associations afin qu'elles soient davantage prises en compte, intégrées et reconnues dans la société.

II-Des Partenaires Techniques et Financiers engagés

Il est difficile d'omettre le rôle joué par les partenaires techniques et financiers (PTF) quant à l'orientation de la lutte pour la promotion et la protection des droits des femmes au Burkina Faso. À travers de nombreuses stratégies et actions, ceux-ci appuient le gouvernement pour un développement durable. Dans ce sens, ils ont été d'un apport majeur pour la prise en compte du genre, le renforcement des droits des femmes et surtout l'accentuation de la lutte contre les inégalités. De la stratégie d'intégration des femmes au développement (IFD), on est parvenu à l'approche genre et développement (GED) qui est censée remettre en cause, entre autres, les constructions socioculturelles dans les rapports entre les femmes et les hommes. Très tôt, l'initiation des projets en faveur des femmes a été posée comme une conditionnalité pour l'octroi de l'aide publique au développement. Des actions et stratégies de financement des actions associatives, des activités génératrices de revenus, etc. ont été développées. De nombreuses stratégies émanant de la coopération bilatérale et multilatérale ont vu le jour. Parmi celles-ci, on peut relever la stratégie *gender budgeting* de la coopération néerlandaise tendant à rendre visibles, dans les budgets, les montants réservés à l'amélioration de la situation des femmes et vérifier si ces financements contribuent effectivement à l'égalité entre les femmes et les hommes. La coopération canadienne, à travers des stratégies similaires, intervient aussi en vue de la promotion des droits des femmes. En outre, le Programme des Nations unies pour le développement (PNUD) se manifeste, entre autres, à travers des stratégies d'intégration systématique du genre dans toutes ses interventions. La Banque africaine de développement (BAD) intervient à travers des politiques qui visent à orienter la formulation des politiques et programmes, l'élaboration d'argumentaires pour le plaidoyer ainsi que le développement de partenariats stratégiques en faveur de la promotion du genre. Le Fonds des Nations unies pour la population (UNFPA), quant à lui, a intégré et développé des concepts tels que ceux de la sexospécifique et de l'égalité homme-femme. Pour ce Fonds, l'appui au renforcement du pouvoir des femmes et à l'amélioration de leur situation, constitue un objectif stratégique pour le développement durable. Le Fonds des Nations unies pour l'enfance (UNICEF), pour sa part, agit à travers des stratégies basées sur le principe de non-discrimination entre les sexes se traduisant par l'égalité des chances, le respect des droits humains pour une pleine participation de tous au développement. La Banque mondiale agit, en ce qui la concerne, à travers des stratégies visant la réforme des institutions pour établir des droits et des chances égales entre les hommes et les femmes, et la mise en œuvre de politiques et programmes tendant à la promotion de la femme.

CHAPITRE 2

L'État des lieux de l'exercice des droits des femmes au Burkina Faso

L'article premier de la loi fondamentale du Burkina Faso prévoit que : *« Tous les Burkinabè naissent libres et égaux en droit. Tous ont une égale vocation à jouir de tous les droits et de toutes les libertés garantis par la présente Constitution »*.

Dans les différents domaines de la vie, il est incontestable que de nombreux progrès ont été réalisés en vue de l'atteinte de l'égalité et de la promotion des droits des femmes. Ainsi, dans le domaine de la santé, en termes d'acquis, on constate une meilleure couverture sanitaire, l'accès des femmes au planning familial, la baisse du taux de mortalité maternelle et infantile, la gratuité des soins néonatals, etc. Au niveau économique, on relève la création de divers mécanismes et fonds en vue de favoriser et encourager les initiatives socioéconomiques des femmes toutes choses qui ont contribué à la réduction du taux de pauvreté chez les femmes. Ainsi, l'indice de pauvreté chez les femmes cheffes de ménage est passé de 47,1% en 2003, 30,4 % en 2014 à 26, 4% en 2018.[45] En matière politique, on note une certaine participation des femmes aux différentes sphères décisionnelles. Ainsi, à titre illustratif, à l'occasion du remaniement ministériel datant de janvier 2019, 07 femmes ont été nommées Ministres sur un total de 32 membres, soit un taux de 21,8% et à l'issue des élections législatives en 2020, 09 femmes ont été élues députés sur un total de 127 soit un taux de 07, 08%. Dans le domaine juridique, les diverses réformes et l'adoption de nouveaux textes de loi ont permis de renforcer la protection juridique des femmes et la reconnaissance de leurs droits dans de nombreux domaines.

Cependant, selon le Rapport sur le développement humain 2012 du PNUD, l'indice d'inégalité de genre du Burkina Faso en 2021 était de 0,621 sur une échelle de 0 à 1, où 0 indique l'égalité parfaite et 1 l'inégalité totale. Cet indice fait la preuve de la situation du pays dans la catégorie des pays à forte inégalité de genre.

En dépit des progrès réalisés et surtout de l'existence de textes qui proclament l'égalité des droits, les femmes burkinabè, dans leur majorité, subissent encore certaines injustices et discriminations à divers égards.

Section 1 : Une protection juridique insuffisante

Il se déduit, de l'analyse du cadre normatif de protection des droits des femmes, certaines atteintes au principe d'égalité et de non-discrimination ainsi que des vides juridiques qui constituent des entraves à la réalisation desdits droits.

Paragraphe 1 : Des atteintes aux principes fondamentaux

L'article 2 f) et g) de la CEDEF prévoit que les États parties s'engagent à : « *Prendre toutes les mesures appropriées, y compris des dispositions législatives, pour modifier ou abroger toute loi, disposition réglementaire, coutume ou pratique qui constitue une discrimination à l'égard des femmes ;* » à « *Abroger toutes les dispositions pénales qui constituent une discrimination à l'égard des femmes.* ».

Pour satisfaire à cette exigence, de nombreuses mesures ont été prises sur le plan législatif. Cependant, malgré l'adoption de nouveaux textes et les diverses révisions effectuées en vue d'une meilleure prise en compte des droits fondamentaux des femmes en général et du respect des principes d'égalité et de non-discrimination en particulier, il subsiste, dans certains textes, quelques inégalités.

En rappel, en matière matrimoniale, il ressort des instruments juridiques internationaux et régionaux ratifiés par le Burkina Faso que les États doivent prendre toutes les mesures nécessaires pour fixer la majorité matrimoniale aussi bien pour les filles que pour les garçons à au moins 18 ans. Pourtant, au Burkina Faso, l'article 238 du Code des personnes et de la famille prévoit que : « *Le mariage ne peut être contracté qu'entre un homme de plus de vingt ans et une femme de plus de dix-sept ans, sauf dispense d'âge accordée pour cause de motif grave par le Tribunal civil. Cette dispense ne peut être accordée en aucun cas pour un homme ayant moins de dix-huit ans et une femme ayant moins de quinze ans.* ». Cette disposition se présente non seulement contraire aux normes internationales, mais aussi rompt avec le principe d'égalité entre l'homme et la femme en défaveur de cette dernière ; cela parce qu'elle permet le mariage de la femme même à l'âge de 15 ans (avec dispense) contrairement à l'homme pour lequel l'âge en dessous duquel le mariage n'est strictement pas possible est fixé à 18 ans. En outre, cette disposition formalise le mariage précoce en fixant l'âge nubile pour les personnes de sexe féminin avant la majorité civile qui est de 20 ans au Burkina Faso.

Par ailleurs, relativement à la forme du mariage, si le Code de personnes et de la famille a reconnu le mariage monogamique comme étant la forme de principe du mariage, il offre tout de même, et ce en option, le mariage polygamique (article 257 CPF). Quand bien même que cette option demeure en phase avec les réalités sociales et culturelles burkinabè, il n'en demeure pas moins que cette ouverture est reconnue uniquement à l'homme qui peut y accéder pendant la formation du mariage, avec l'accord de la future épouse. Ainsi, la perspective inverse est totalement exclue. Cette situation révèle le caractère inégalitaire d'une telle ouverture qui demeure cependant en adéquation avec le contexte social. Il en va de même de l'article 294[46] alinéa 1 du même code, sur le choix de la résidence du couple, domicile conjugal, qui accorde une prépondérance à l'avis de l'époux, en cas de désaccord. Cette prépondérance crée un déséquilibre dans les rapports conjugaux, même si la même disposition offre à l'épouse, la possibilité de saisir le Juge pour obtenir une résidence séparée « *si la résidence choisie par le mari présente pour la famille des dangers d'ordre physique ou moral, la femme peut être autorisée, pour elle et ses enfants* » ;

Aussi, pour ce qui concerne la procédure en matière de contestation de paternité, contrairement à l'homme qui peut agir à travers la procédure simplifiée du désaveu de paternité, l'article 453 du code susvisé, en disposant que « *Même en l'absence de désaveu, la mère pourra contester la paternité d'un mari, mais seulement aux fins de légitimation, quand elle se sera, après dissolution du mariage, remariée avec le véritable père de l'enfant. L'action doit être introduite par la mère et son nouveau conjoint dans les six mois de leur mariage et avant que l'enfant n'ait atteint l'âge de sept ans.* », soumet l'action de la femme à une triple obligations. En effet, non seulement celle-ci devrait divorcer, puis se marier au véritable père de l'enfant et pour le tout, enclencher l'action s'y rapportant, avant que l'enfant n'ait atteint l'âge de sept ans. Cette disposition s'avère discriminatoire dans la mesure où les deux époux ne sont pas soumis aux mêmes règles et conditions. La procédure se présente plus contraignante lorsque l'action émane de la mère. De même, cette disposition porte atteinte au principe de la liberté matrimoniale en ce sens qu'elle oblige la femme à divorcer d'abord, puis à se marier au véritable père de l'enfant. Toujours relativement au Code des personnes et de la famille, on peut retenir que contrairement à l'article 16 g) de la CEDEF qui prévoit que les États parties doivent assurer « *les mêmes droits personnels au mari et à la femme, y compris en ce qui concerne le choix du nom de famille, ...* », les dispositions relatives à la détermination du nom dans ledit code (art.36 à 43) retiennent le principe suivant lequel « *l'enfant porte le nom de son père* » ; l'enfant ne portera le nom de sa mère que lorsque sa filiation n'est établie qu'à l'égard d'elle seule.

En matière foncière, au Burkina Faso, l'essentiel des coutumes ne reconnaissent pas le droit d'accès des femmes à la terre. La transmission des terres étant patrilinéaire, les femmes sont coutumièrement exclues de l'héritage foncier. Ainsi, quand bien même qu'elles exploitent majoritairement la terre, elles n'en sont pas propriétaires. La loi n° 034-2009/AN portant régime foncier rural en ses articles 34 et 35 prévoit que : « *La possession foncière rurale peut être exercée à titre individuel ou collectif. Elle est exercée à titre individuel lorsque la terre qui en est fait l'objet relève du patrimoine d'une seule personne. Elle est collective lorsque la terre qui en est concernée relève du patrimoine de plusieurs personnes, notamment d'une famille* » et que « *La possession foncière est établie lorsque d'une part la preuve des faits constitutifs est rapportée et que d'autre part, aucune contestation n'est révélée à l'occasion de la procédure contradictoire prévue par la présente loi.* ». Ces dispositions permettent donc aux particuliers d'accéder juridiquement à la terre rurale à travers la possession foncière. Si celles-ci paraissent, de prime à bord, neutres, elles aboutissent à un résultat fortement discriminatoire vis-à-vis de la femme dans le contexte socioculturel actuel. En effet, étant coutumièrement exclues de l'héritage foncier, les femmes n'émettent pas de prétention en vue de cette possession qui reste l'affaire des héritiers de sexe masculin et elles ne s'inscrivent pas non plus dans une dynamique de contestation des prétentions tendant à la possession exclusive formulées par les hommes qui pourtant, juridiquement, sont héritiers au même titre qu'elles. Cette situation justifie également le fait que l'accès sécurisé à la terre reste un défi pour les femmes qui constituent 55 % de la force de travail agricole à travers divers statuts tels que celui de travailleuse bénévole, familiale ou indépendante pendant qu'elles ne représentent que moins de 40% des propriétaires de parcelles agricoles au Burkina Faso[47]. Cela dit, cet encadrement ne tient pas suffisamment compte des rapports sociaux de sexe.

De même, la loi d'orientation n°034-2002/AN du 23 décembre 2002 relative au pastoralisme au Burkina Faso ne s'intéresse à la situation spécifique des femmes et du rôle essentiel des femmes dans la gestion des troupeaux, la transformation des produits laitiers, la conservation de la biodiversité et la résolution des conflits.

En matière pénale, l'adoption d'un nouveau Code pénal était censée prendre en compte les engagements pris par le Burkina Faso en termes de respect et de meilleure protection des droits des femmes. Toutefois, on y relève des dispositions qui, en réalité, sont contraires au principe d'égalité et sont discriminatoires à l'égard des femmes. A titre d'illustration, on peut retenir les violences familiales et le viol commis sur une partenaire sexuelle. En effet, les violences familiales sont définies par l'article 531-8 en ces termes : « *les violences familiales sont celles exercées dans le cadre d'une relation entre conjoints, concubins ou entre ascendants et descendants qui s'expriment par des agressions physiques, psychologiques, sexuelles, économiques et spirituelles telles : -les coups et blessures volontaires ;-les viols ;-les privations d'aliments ou de soins ; -les confiscations de pièces d'état civil servant à l'identification de la personne ; -les atteintes aux droits de propriété ; -les violations graves des dispositions relatives aux droits de la famille ; -les atteintes à la liberté de travail et de croyance* », et l'article suivant les réprime d'un emprisonnement de deux mois à un an et d'une amende de deux cent cinquante mille à deux millions de Francs CFA. Le paradoxe observé est que la plupart des violences qui y figurent sont sanctionnées de façon spécifique et plus sévèrement par d'autres articles de sorte qu'il est évident que le législateur a entendu alléger la sanction lorsque ces violences sont commises dans la sphère domestique. À titre illustratif, le viol est puni à l'article 533-10 du Code pénal par une peine d'emprisonnement de sept à dix ans et par une amende de six cent mille à deux millions de Francs CFA. Dès lors, on peut affirmer sans se tromper que la sanction de l'infraction de viol se trouve allégée lorsque celle-ci est commise dans le cadre familial, domestique. Il en est de même pour les coups et blessures volontaires. Pourtant, dans le contexte burkinabè, les violences domestiques sont essentiellement subies par les femmes et les filles. Il est donc légitime de dire que les premières personnes concernées par ces dispositions sont celles de sexe féminin. Pour preuve, il résulte de diverses études que les filles sont victimes de plus en plus de viols commis par des personnes se trouvant dans le cadre familial ou dans le voisinage immédiat.[48]

Par ailleurs, relativement au viol commis sur une partenaire sexuelle, l'article 533-12 du même code prévoit que : « *lorsque le viol est commis de manière répétitive sur une partenaire intime et habituelle avec qui l'auteur entretient des relations sexuelles stables et continues ou lorsque ladite partenaire est dans une incapacité physique quelconque d'accomplir une relation sexuelle, la peine est une amende de deux cent cinquante mille (250 000) à six cent mille (600 000) francs CFA* ». De là, on constate sans difficulté que cette disposition expressément prévue pour être appliquée aux femmes victimes de « viol conjugal », en raison de la persistance des cas de viol commis dans le cadre conjugal, est dans sa matérialité discriminatoire et rompt avec toute idée d'égalité entre sexes. En effet, pendant que le législateur sanctionne sévèrement l'infraction « *commune* » de viol sans aucune circonstance aggravante, notamment à travers l'article 533-10, en disposant que : « *Tout acte de pénétration sexuelle, de quelque nature qu'il soit, commis sur la personne d'autrui par violence, contrainte, menace ou surprise constitue un viol. Le viol est puni d'une peine d'emprisonnement de sept ans à dix ans et d'une amende de six cent mille (600 000) à deux millions (2 000 000) de francs CFA.* », la disposition spéciale visant les viols commis sur la femme par un partenaire sexuel allège la sanction jusqu'à la simple peine d'amende. De plus, elle impose pour que l'infraction puisse être retenue que le viol ait été commis de façon répétitive, de sorte à placer tout homme (partenaire) auteur à l'abri de la sévérité d'une éventuelle sanction. Il est donc clair que cette disposition porte atteinte aux droits des femmes et les expose davantage aux violences conjugales et familiales. Pourtant, en droit comparé, exemple pris de la législation française, le viol simple est puni de « *quinze ans de réclusion criminelle* », article 222-23 du code pénal français et le l'article 222-24, 11° dudit Code prévoit qu'il est « *puni de vingt ans de réclusion criminelle... lorsqu'il est commis par le conjoint ou le concubin de la victime ou le partenaire lié à la victime par un pacte civil de solidarité* ». Cela dit, le viol commis sur un conjoint est retenu comme une circonstance aggravante contrairement l'incrimination au Burkina Faso où il s'apparente sans nul doute à une circonstance plutôt atténuante. À l'analyse, cette disposition ne fera qu'impacter négativement la promotion et la protection des droits des femmes dans la mesure où même si la problématique du viol conjugal demeure taboue, celle-ci constitue une réalité fort répandue. Il ressort en effet, des résultats de diverses études, que les conjointes qui osent s'opposer aux relations sexuelles subissent non seulement le viol, mais sont aussi victimes de bien d'autres types de violences notamment physiques. Elles subissent dans le silence ces viols même lorsque le conjoint présente, de façon perceptible, les signes d'une maladie sexuellement transmissible.[49]

Relativement à l'avortement, il est règlementé au Burkina Faso essentiellement par le code pénal, le code de santé publique et la loi portant santé de la reproduction.

Le principe retenu par le code pénal est l'interdiction de l'interruption de grossesse. Cette interdiction est encadrée à travers l'incrimination de l'acte et de nombreux faits concourant ou pouvant concourir à sa réalisation. Elle est toutefois assortie de deux grandes exceptions. Il s'agit d'une part de l'interruption de grossesse lorsque des raisons médicales l'exigent (avortement thérapeutique). Elle se rapporte aux hypothèses où le maintien de la grossesse met en péril la santé de la femme ou lorsqu'il existe une forte probabilité que l'enfant à naître soit atteint d'une maladie ou d'une infirmité d'une particulière gravité reconnue comme incurable au moment du diagnostic. Il y a d'autre part l'interruption de grossesse pour cause d'inceste ou de viol. Toutefois l'agression sexuelle, comme motif d'accès à l'interruption de grossesse, telle que prévue par l'article 14 Protocole de Maputo, n'est pas encore pris en compte dans aucun texte burkinabè.

En outre, l'interruption volontaire de grossesse telle qu'incriminée dans la législation burkinabè est contraire aux normes internationales qui prescrivent le droit d'accès élargi aux soins de santé sexuelle et reproductive, y compris l'interruption sécurisée de grossesse et invitent les États à amender la législation qui fait de l'avortement une infraction pénale et à supprimer les peines infligées aux femmes qui avortent.

Suivant cette logique, l'OMS, dans ses récentes directives[50], recommande la dépénalisation complète de l'avortement et précise que cette « *dépénalisation devrait consister à retirer l'avortement de la législation pénale, à ne pas appliquer d'autres infractions pénales (par exemple le meurtre, l'homicide involontaire) à l'avortement, et à s'assurer qu'il n'existe aucune sanction pénale pour avoir avorté, avoir aidé à avorter, avoir fourni des informations sur un avortement ou avoir pratiqué un avortement, pour tous les acteurs concernés* ».

En outre, en matière sociale, de nombreuses discriminations perdurent. En matière d'embauche, les femmes sont souvent écartées des postes à responsabilité ou à qualification élevée en raison de leur sexe, de leur âge, de leur situation familiale ou de leur grossesse. Selon le rapport mondial sur la parité entre les hommes et les femmes du Forum économique mondial, le Burkina Faso se classe au 109e rang sur 146 pays en termes d'égalité économique entre les sexes en 2023. Sur la question du harcèlement sexuel au travail, les femmes sont souvent victimes de propos ou d'attitudes à caractère sexuel non désirés sur leur lieu de travail, qui portent atteinte à leur dignité ou créent un environnement intimidant, hostile ou offensant. Aussi, relativement aux violences basées sur le genre, les femmes sont souvent exposées à des formes de violence physique, psychologique ou sexuelle dans le cadre professionnel ou domestique, qui affectent leur santé, leur sécurité et leur bien-être. Selon une étude menée par l'Institut Supérieur des Sciences de la Population (ISSP) sur la période décembre 2020 à mars 2021, 27,5% des femmes en âge de procréer (15-49) ont subi des violences émanant de leur partenaire intime.

En matière de sécurité sociale, la loi n°004 2021/AN portant régime de sécurité sociale applicable aux travailleurs salariés et assimilés au Burkina Faso prévoit en son article 100 et relativement à la pension des conjoints survivants, que « *Les pensions de survivants sont calculées en pourcentage de la pension de vieillesse ou d'invalidité ou de la pension anticipée à laquelle l'assuré avait ou aurait eu droit à la date de son décès en raison de : cinquante pour cent pour le conjoint survivant. En cas de pluralité de veuves, le montant de cinquante pour cent est réparti entre elles par parts égales, la répartition est définitive, même en cas de disparition ou de remariage de l'une d'entre elles ».* Cette disposition, a priori neutre, renferme une discrimination à l'égard des femmes. En effet, en cas de pluralité de veuves, le montant devant revenir à la veuve (issue du mariage monogamique) est réparti entre les veuves (issues du mariage polygamique) parce qu'uniquement 50% de la pension est rétribué à la ou aux conjoint(e)s survivant(e)s. Ici, ce qui paraît problématique, c'est que la répartition faite dans l'hypothèse d'une pluralité de veuves est définitive de sorte que même si, au fil des années, il ne restait qu'une seule veuve survivante, celle-ci ne pourra percevoir le pourcentage de principe attribué au ou à la conjoint (e) survivant (e). Cette répartition s'avère discriminatoire en ce sens qu'elle ne touche que les femmes et surtout en leur défaveur. Elle ne s'applique qu'à elles puisqu'il n'y a que les femmes qui peuvent se retrouver plusieurs dans un même lien matrimonial. De ce fait, les hommes sont d'office mis à l'abri de cet arrangement désavantageux.

En matière éducatif, est-il besoin de rappeler que l'éducation est un droit humain fondamental et un facteur clé pour l'émancipation et le développement des femmes et des filles. À cet effet, il est reconnu aux femmes et aux filles, le droit d'accéder à une éducation inclusive, équitable et de qualité, sans discrimination ni violence. Elles ont également le droit de contribuer pleinement au progrès scientifique, culturel et social du Burkina Faso. Toutefois, malgré les différents textes juridiques adoptés, les femmes et les filles burkinabè continuent de subir des atteintes à leurs droits dans le domaine de l'éducation. Parmi ces atteintes, on peut citer :

- La discrimination dans l'accès à l'éducation : les femmes et les filles sont souvent désavantagées ou exclues du système éducatif en raison de leur sexe, de leur situation sociale, de leur origine géographique, de leur handicap, etc. Selon les résultats d'une étude de l'Institut National de la Statistique et de la Démographie (INSD), en 2018 ce sont seulement 4,3% des femmes de 25 ans et plus qui ont atteint au moins un niveau d'éducation secondaire. Cet indicateur est de 9,7% chez les hommes du même groupe d'âge[51].

- La violation du droit à une éducation de qualité : les femmes et les filles sont souvent confrontées à des conditions d'apprentissage défavorables ou inadaptées à leurs besoins spécifiques. Selon l'étude susvisée, le taux d'achèvement des filles en 2017-2018 est de 42,1% contre 39,2% pour les garçons soit un écart d'environ 3 points de pourcentage en faveur des filles[52].

- La violence basée sur le genre dans l'éducation : les femmes et les filles sont souvent victimes de violences physiques, psychologiques ou sexuelles dans le milieu scolaire ou universitaire, qui portent atteinte à leur dignité, leur sécurité et leur bien-être. Ainsi, « Au Burkina Faso, l'étude sur les Violences Basées sur le Genre en milieu scolaire de 2009 enseigne que 12,8 % des enquêtés du secondaire affirment qu'il y a des tentatives de viols contre leurs camarades filles. Les filles sont courtisées par les professeurs d'après 44,9 % des enquêtés ou envoient des SMS aux filles pour 37,1 %. 23,6 % des enquêtés déclarent qu'il existe le phénomène de séduction sexuelle des filles par les professeurs hommes.

73,3 % des filles du primaire déclarent l'existence de violences physiques dans leur établissement, 84,3 % des violences verbales et 65,4 % des violences psychologiques.

47,7 % du personnel scolaire du primaire indiquent cette même existence contre 50,5 % du secondaire. »[53].

Sur le cas spécifique des femmes déplacées internes au Burkina Faso, il faut dire que celles-ci sont exposées à de nombreuses atteintes à leurs droits, notamment :

- Le droit à la vie, à la sécurité et à l'intégrité physique : on dénombre, parmi les femmes déplacées, des victimes de violences sexuelles et basées sur le genre, tant dans les zones d'origine que dans les zones d'accueil, commises par des groupes armés, des membres de la communauté ou de divers intervenants. Ces violences entrainent le plus souvent des grossesses non désirées, des infections sexuellement transmissibles, des traumatismes psychologiques et des stigmatisations sociales. Celles-ci sont également exposées aux risques de mines antipersonnel et d'engins explosifs improvisés.

- Le droit à l'éducation : les femmes déplacées sont confrontées à la fermeture ou à l'insécurité des écoles dans les zones touchées par le conflit, ce qui limite leur accès à l'éducation et compromet leur avenir. Elles sont également soumises à des pressions sociales et économiques qui les poussent à abandonner leurs études ou à se marier précocement.

- Le droit à la santé : les femmes déplacées ont un accès limité aux services de santé, notamment en matière de santé sexuelle et reproductive, en raison du manque d'infrastructures, de personnel qualifié, de médicaments et de matériel médical. Celles-ci sont aussi confrontées à la malnutrition, au manque d'eau potable et d'assainissement, ce qui affecte leur santé et leur hygiène.

- Le droit au travail et à un niveau de vie suffisant : les femmes déplacées perdent leurs moyens de subsistance, leurs biens et leurs terres en raison du conflit et du déplacement. Elles ont du mal à trouver un emploi ou une activité génératrice de revenus dans les zones d'accueil, en raison du manque d'opportunités, de qualifications ou de documents d'identité. Elles sont également confrontées à la discrimination, à l'exploitation et au harcèlement sur le marché du travail.

- Le droit à la participation et à la représentation : les femmes déplacées sont souvent exclues ou marginalisées dans les processus décisionnels qui les concernent, tant au niveau communautaire que national. Elles ont souvent peu de voix et d'influence dans la gestion des sites de déplacement, la distribution de l'aide humanitaire, la prévention et la résolution des conflits, ou la promotion de leurs droits.

Les atteintes juridiques aux droits des femmes déplacées internes au Burkina Faso sont aggravées par le contexte d'insécurité, d'impunité, de pauvreté et de vulnérabilité qui caractérise leur situation. Leur situation particulière justifie de diverses réponses urgentes émanant de l'État, des organisations humanitaires et de certains acteur-trice-s locaux-ales, même si lesdites réponses s'avèrent insuffisantes.

Les femmes handicapées au Burkina Faso sont aussi confrontées à de atteintes à leurs droits, notamment :

- Le droit à la dignité et au respect : les femmes handicapées sont souvent victimes de discrimination, de stigmatisation, de marginalisation et d'exclusion sociale, en raison des préjugés et des stéréotypes liés au handicap et au genre.

- Le droit à l'égalité et à la non-discrimination : les femmes handicapées sont confrontées à des obstacles juridiques, administratifs, institutionnels et culturels qui limitent leur accès à la justice, à la citoyenneté, à l'état civil, à la propriété foncière et aux services publics. Il en va ainsi des infrastructures construites au profit du public ou accueillant habituellement les usagers du service public sans rampes d'accès au profit des personnes à mobilité réduite. Il en est de même de la quasi-absence de textes ou de dispositions législatives ou règlementaires spécifiques à leur statut de femmes ou de filles vivant avec un handicap.

Les femmes âgées au Burkina Faso sont également exposées à de atteintes spécifiques à leurs droits, notamment :

Le droit à la dignité et au respect : parce que souvent victimes de discrimination, de stigmatisation, de marginalisation et d'exclusion sociale, en raison des préjugés et des stéréotypes liés à l'âge et au genre. Elles sont également exposées aux risques d'abus, d'exploitation et de violence domestique ou communautaire.

Le droit à l'égalité et à la non-discrimination : parce que souvent confrontées à des obstacles juridiques, administratifs, institutionnels et culturels qui limitent leur accès à la justice, à la citoyenneté, à l'état civil, à la propriété foncière et aux services publics. Elles sont également soumises à des pratiques traditionnelles néfastes telles que le rejet familial ; du droit à l'autonomie et à la participation parce que souvent privées de leur capacité juridique et de leur liberté de choix, en raison du manque de reconnaissance de leur statut légal ou de leur mise sous tutelle. Elles sont également peu impliquées dans les processus décisionnels qui les concernent, tant au niveau familial que communautaire ou national ; du droit au développement et à l'épanouissement parce qu'ayant un accès limité à l'éducation, à la formation professionnelle, à l'emploi, au revenu, à l'entreprenariat et au crédit, en raison du manque d'opportunités, d'accompagnement personnalisé ou de mesures incitatives. Elles sont également confrontées à la pauvreté, à la précarité et à la dépendance économique ; du droit à la santé et au bien-être parce qu'ayant un accès limité aux services de santé générale et spécifique, notamment en matière de santé sexuelle et reproductive, en raison du manque d'information, de sensibilisation, de personnel qualifié ou de matériel adapté. Elles sont également exposées aux risques de maladies chroniques, infectieuses ou mentales.

Ces atteintes juridiques aux droits des femmes sont aggravées par le contexte d'insécurité, d'instabilité, de crise humanitaire et de changement climatique qui affecte le pays.

Ce bref tour d'horizon, non exhaustif, de diverses dispositions juridiques qui régulent les relations entre les sexes, illustre la non-conformité à certains égards desdits aux instruments juridiques internationaux ratifiés par le Burkina Faso.

Paragraphe 2 : Des vides juridiques en instance

S'il est indéniable que la législation relative à la protection juridique des femmes est assez fournie, force est de reconnaître que des vides juridiques demeurent, caractérisés notamment par l'inexistence de dispositions couvrant certaines réalités, la non-effectivité de certains mécanismes et l'inefficacité de quelques contenus.

S'il est reconnu que la plupart des instruments juridiques internationaux, notamment les conventions ratifiées, sont censés être d'application directe, il reste que dans la pratique, elles ne sont pas toujours invoquées, de façon directe, devant les instances judiciaires. Dans certaines hypothèses, le corpus juridique doit être intégré dans la législation nationale et dans d'autres, des prescriptions sont énoncées à l'endroit des États qui doivent en retour adopter des textes de loi pour les matérialiser. Cela dit et dans le contexte burkinabè, bien que l'État ait ratifié l'essentiel des instruments juridiques concernant la femme dont la CEDEF et le protocole de Maputo, nombre de prescriptions émanant de ceux-ci n'ont pas été matérialisées dans l'ordonnancement juridique interne. À titre illustratif, la CEDEF fait obligation aux États parties d'inclure des conseils relatifs à la planification familiale dans le processus éducatif (art.10 -h) et de mettre au point des codes de la famille qui garantissent les droits des femmes « *de décider librement et en toute connaissance de cause du nombre et de l'espacement des naissances, à l'éducation et aux moyens nécessaires pour leur permettre d'exercer ces droits* » (art.16 -e). Elle impose aussi, aux États, de prendre des mesures en vue de « *L'élimination de toutes les conceptions stéréotypées des rôles des hommes et des femmes à tous les niveaux et à toutes les formes d'enseignement en encourageant l'éducation mixte et d'autres types d'éducation qui aideront à réaliser cet objectif et, en particulier, en révisant les livres et programmes scolaires et en adaptant les méthodes pédagogiques.* » (10 c). Cependant, depuis la ratification de la CEDEF par le Burkina Faso en octobre 1987 jusqu'à nos jours, ces mesures peinent à être effectives.

Relativement à la non-effectivité de certains mécanismes, on peut relever la non-opérationnalisation des mécanismes prévus par la loi 061 portant prévention, répression et réparation des violences faites aux femmes et prise en charge des victimes. En effet, depuis l'adoption de la loi le 06 septembre 2015, un bon nombre de ces mécanismes n'est pas encore opérationnel. Ainsi, le fonds d'appui pour la prise en charge des victimes de violences n'a pas encore vu le jour, les centres communaux d'accueil, de prise en charge des victimes et ayant la capacité de leur offrir des prestations pluridisciplinaires sont rares[54]. Aussi, la perspective de création d'unités spéciales de police et de gendarmerie ainsi que l'institution, au sein des juridictions, de chambres spéciales de traitement des cas de violences faites aux femmes et aux filles a été totalement abandonnée avec l'abrogation des dispositions y relatives. Pourtant, suivant la Recommandation n°35 du Comité CEDEF, « *Les États parties devraient établir des mécanismes et des procédures spéciales pour l'enquête, l'instruction et le jugement des cas de violence fondée sur le genre qui devraient permettre la mise au point de techniques d'investigation non « dégradantes pour les femmes victimes de violences et qui réduisent au minimum les intrusions dans la vie privée tout en maintenant des normes propres à faire au mieux la lumière sur les faits* ». ».

Enfin, en ce qui concerne l'inefficacité, on peut s'intéresser aux législations successives relatives au quotas genre. En effet, la loi de 2009 sur les quotas aux élections législatives et municipales ne prévoyait pas clairement le mode d'administration de l'exigence d'au moins 30 % de l'un ou de l'autre sexe sur les listes. Cette imprécision conduisait les partis politiques à interpréter le texte suivant leur intérêt, toute chose qui aboutissait, dans la majorité des cas, à un résultat défavorable aux femmes. À titre illustratif, uniquement 07,08% de femmes à l'Assemblée nationale à l'issue des élections de 2020. A ce sujet, le

CONAP/G expliquait que *« Aucun texte n'étant venu préciser les termes de la loi, les partis politiques en ont choisi une interprétation qui, en réalité, ne renforçait pas la participation des femmes aux élections. Ainsi, au lieu de 30% de toute la liste, ils ont préféré 30% de l'ensemble des candidatures du parti »*[55]. Avec l'adoption de la loi de 2020, le législateur, en plus d'apporter une précision en prévoyant en son article 4 que « *Chaque liste de candidatures présentée à l'occasion des élections législatives ou municipales doit être alternée femme-homme ou homme-femme. Une liste alternée est une liste sur laquelle le positionnement d'un candidat d'un sexe donné est immédiatement suivi du positionnement d'un candidat de l'autre sexe.* », pose qu'« *En aucun cas la tête de liste des titulaires et celle des suppléants ne doivent être du même sexe.* ». Toutefois, aucune disposition ne sanctionne le défaut d'alternance dans les listes. Le respect de cette alternance est simplement encouragé par le bénéfice d'un surplus de financement public, au titre de la campagne électorale (Art. 10). Cette disposition réduit la loi à sa simple fonction « *motivatrice* » pour la prise en compte des femmes. Elle n'est pas suffisante pour garantir l'égalité effective entre les hommes et les femmes. A ce sujet, Kadidia ZONGO, seule députée à l'Assemblée nationale ayant votée « contre » cette parade se défendait : « *S'il y avait juste un article pour sanctionner les partis politiques qui n'allaient pas respecter la loi, elle allait être parfaite...* »*[56]*.

Section 2 : Des défis persistants

Au-delà des insuffisances d'ordre législatif, d'autres facteurs tendent à mettre à mal l'effectivité des droits reconnus aux femmes au Burkina Faso. Il se dégage notamment la persistance de certaines pratiques nuisibles aux droits des femmes au niveau institutionnel et la prédominance de certaines règles coutumières et religieuses défavorables auxdits droits dans les rapports sociaux.

Paragraphe 1 : Des pratiques nuisibles au niveau institutionnel

D'une façon générale, les institutions intègrent, de différentes manières, les normes et les règles qui régissent les sociétés dans lesquelles elles évoluent ou qu'elles pensent contrôler. De sorte que les rapports en leur sein tendent à entretenir ou à reproduire les inégalités et les disparités sexospécifiques qui existent dans leur contexte et environnement socioculturel et politique.

Les pratiques nuisibles aux droits des femmes au niveau institutionnel au Burkina Faso sont nombreuses et variées. Elles comprennent, entre autres, la faible représentation des femmes dans les instances de décision et de gouvernance, notamment au niveau local, où elles ne représentent que 9,4 % des conseillers municipaux ; le manque de financement et de soutien aux organisations féminines ou féministes et de défense des droits des femmes, qui sont en première ligne pour faire avancer l'égalité et l'autonomisation des femmes.

Certaines pratiques discriminatoires persistent au niveau institutionnel. Ainsi, en matière juridictionnelle, il est constaté une faible invocation et application des textes juridiques spécifiques aux femmes. Cette situation s'explique par la méconnaissance desdits textes aussi bien par les acteur-trice-s judiciaires que par les justiciables. En outre, il est observé le faible engagement de certains acteur-trice-s judiciaires dans la défense des droits des femmes en raison des pesanteurs socioculturels dont eux-mêmes sont imprégnés, toute chose qui justifie, en partie, le fait que les poursuites pour certaines violences faites aux femmes ne soient pas systématiques. A titre illustratif, dans le ressort du Tribunal de Grande Instance de Ziniaré, les informations recueillies au Parquet révèlent qu'en 2018, environ 16 cas de violences faites aux femmes ont été reçus (sur plainte ou dénonciation), toutefois, parmi ceux-ci, sept (07) ont fait l'objet de classements sans suite.

En outre, d'autres faits généraux qui ternissent le regard de la population, à l'égard de l'institution judiciaire, concourent à freiner l'élan des femmes dans la recherche de l'application de la loi lorsqu'elles sont victimes de violations de leurs droits. Il s'agit, entre autres, de l'apparente insuffisance de rigueur dans l'application des textes en raison de situations où des auteurs de violences sont relaxés ou bénéficient de peines jugées légères (amendes, sursis, etc.) et en raison de la lourdeur et/ou de la complexité de certaines procédures judiciaires qui participent à rendre l'institution difficilement accessible aux victimes. Ainsi, selon une étude réalisée par GTZ (Agence allemande de coopération au développement) en 2006, seulement 2,7% de femmes victimes de violences ont eu recours aux services judiciaires[57].

Selon le rapport du Haut-Commissariat des Nations Unies aux droits de l'homme sur la situation des droits humains au Burkina Faso en 2019, il existe plusieurs défis et lacunes dans le système judiciaire burkinabè qui affectent négativement les droits des femmes. Parmi ces défis, on peut citer :

- Le manque d'indépendance et d'impartialité des juges et des procureurs, qui sont souvent soumis à des pressions politiques, économiques ou sociales, et qui peuvent être influencés par des stéréotypes ou des préjugés sexistes.

- Le manque d'accessibilité et d'effectivité de la justice, qui se traduit par des coûts élevés, des délais excessifs, des procédures complexes, une insuffisance de personnel qualifié, une corruption endémique et une faible confiance du public.

- Le manque de protection et d'assistance aux victimes de violences basées sur le genre, qui sont souvent confrontées à des obstacles administratifs, juridiques ou sociaux pour dénoncer les faits, obtenir réparation ou bénéficier d'un accompagnement psychosocial ou médical.

- Le manque de sensibilisation et de formation des acteur-trice-s judiciaires sur les droits des femmes et l'égalité des genres, qui entraîne une méconnaissance ou une mauvaise application des normes internationales et nationales pertinentes.

Ces défis ont pour conséquence que les femmes sont souvent victimes d'atteintes juridiques à leurs droits dans le cadre de la procédure judiciaire. Parmi ces atteintes, on peut citer :

- La discrimination dans l'accès à la justice : les femmes sont souvent exclues ou marginalisées dans le processus judiciaire en raison de leur sexe, de leur statut social, de leur niveau d'éducation, de leur appartenance ethnique ou religieuse, etc. Elles sont également moins informées de leurs droits et des voies de recours disponibles.

- La violation du droit à un procès équitable : les femmes sont souvent confrontées à des violations de leurs droits fondamentaux lors du déroulement de la procédure judiciaire, telles que le non-respect du principe du contradictoire, la présomption d'innocence, le droit à la défense, le droit à l'interprétation ou à la traduction, etc.

- L'impunité des auteurs de violences basées sur le genre : les femmes sont souvent confrontées à l'absence ou à la faiblesse de la réaction judiciaire face aux violences qu'elles subissent, qu'il s'agisse de violences physiques, psychologiques ou sexuelles. Les auteurs de ces violences bénéficient souvent d'une impunité totale ou partielle, soit en raison du classement sans suite des affaires, soit en raison de l'application de peines insuffisantes ou disproportionnées.

- La revictimisation des victimes de violences basées sur le genre : les femmes sont souvent confrontées à une revictimisation lors de la procédure judiciaire, c'est-à-dire à une aggravation de leur souffrance ou de leur traumatisme. Cette revictimisation peut être causée par le manque d'empathie ou de respect des acteur-trice-s judiciaires, par la stigmatisation ou le blâme social, par la répétition ou l'exposition publique des faits, etc.

Plus récemment, Il ressort du rapport d'analyse de l'enquête nationale sur les besoins et la satisfaction en matière de justice au Burkina Faso de l'Institut HILL (The Hague Institute for Innovation of Law, 2022) que 63% des adultes burkinabè ont expérimenté au moins un problème juridique au cours des quatre dernières années, et que les femmes sont plus susceptibles que les hommes de faire face à des problèmes liés à la famille, à la violence domestique, à la propriété foncière ou au travail. À la lumière des conclusions de ladite analyse, ces problèmes sont souvent graves et ont un impact négatif sur leur bien-être. Il est par ailleurs ressorti que les femmes sont moins susceptibles que les hommes de chercher une solution formelle à leurs problèmes juridiques, et plus susceptibles de recourir à des mécanismes informels, tels que la médiation familiale ou communautaire. Les femmes invoquent souvent des raisons financières, culturelles ou religieuses pour expliquer leur choix. Elles expriment aussi un niveau de confiance plus faible que les hommes dans les institutions judiciaires, notamment les tribunaux, les avocats et la police. Elles perçoivent ces institutions comme étant coûteuses, corrompues, partiales ou inefficaces. Elles sont moins satisfaites que les hommes des procédures et des résultats obtenus lorsqu'elles résolvent leurs problèmes juridiques. Elles se plaignent souvent du manque d'information, de transparence, de respect ou d'équité. Elles sont également plus susceptibles que les hommes de subir des conséquences négatives, telles que des représailles, des menaces ou des discriminations. Le rapport conclut que les femmes au Burkina Faso font face à de nombreux obstacles pour accéder à la justice et bénéficier d'une protection effective de leurs droits.

De même, constitue un facteur institutionnel qui entrave l'effectivité des droits des femmes, le nombre limité de femmes au sein des instances chargées de l'adoption des lois et de celles chargées de leur mise en œuvre et de la protection des femmes. En effet, ces institutions étant animées majoritairement par des hommes, il se présente légitime de craindre qu'il soit difficilement appréhendé les différentes subtilités inhérentes à la condition de la femme ou que, dans le pire des cas, des subjectivités se déteignent à l'occasion de l'adoption, de l'invocation ou de l'application de certains droits spécifiques aux femmes. Cette vision pourrait justifier l'existence de dispositions législatives qui se révèlent discriminatoires vis-à-vis de la femme[58].

Enfin, on peut observer qu'au niveau institutionnel, la non-maîtrise des concepts et la quasi-absence d'outils d'intégration et de suivi d'impacts différenciés par sexe constituent des réalités qui nuisent au mécanisme général de promotion et de protection des droits des femmes.

Paragraphe 2 : Entre tradition, religion et droit : l'équilibre délicat des rapports sociaux

Le contexte burkinabè est marqué par une diversité de groupes ethniques ou socioculturels estimés à une soixantaine. L'organisation familiale et sociale continue d'être marquée par les règles coutumières et religieuses dont l'application ou les différentes interprétations sont très souvent défavorables à la femme, surtout en milieu rural. Ainsi, malgré le principe d'égalité reconnu par les textes, les femmes sont maintenues sous un état « *d'incapable majeure* » traduisant leur statut d'infériorité vis-à-vis des hommes. On assiste à la persistance de la dualité entre le droit moderne et le droit traditionnel, fondé sur la coutume et la religion, qui est plus connu et respecté. Ainsi, dans les rapports sociaux surtout familiaux, les individus invoquent moins les principes de droit que les préceptes coutumiers et religieux de sorte que « *la plupart des violences se parent pudiquement du manteau de la culture, de la tradition ou de la religion pour résister au changement.* » [59]. Dans ces rapports, l'homme demeure le chef de famille, il décide seul de l'orientation de la vie familiale. La coutume est privilégiée au droit positif dont les prescriptions ne sont pas respectées. Les mariages forcés et précoces, le lévirat, la dot, le refus du droit des femmes à l'héritage et à la possession foncière sont toujours d'actualité. C'est ce qui justifie les récents programmes et campagnes de lutte contre le mariage des enfants, le mariage forcé et pour l'accès des femmes à la terre. C'est cet état des lieux qui a justifié aussi une des recommandations faites, à l'adresse du Burkina Faso, lors des EPU sur les droits humains en 2018. En rappel, il a été recommandé d'adopter une stratégie et un plan d'actions clairs pour prévenir toutes les formes de violences contre les femmes, avec un accent particulier sur l'éradication des pratiques coutumières qui portent atteinte aux droits de la femme telles que les mutilations génitales féminines, les mariages forcés ou précoces, le viol conjugal, les violences domestiques et les exclusions sociales pour allégations de sorcellerie.

De plus, représentant plus de la moitié de la population en âge d'aller à l'école, le ratio filles-garçons demeure en défaveur des filles. Le taux de scolarisation des filles reste bas par rapport à celui des garçons. De même, leur maintien à l'école constitue un autre défi à relever. Cette réalité est à l'origine de la répartition inégalitaire suivant les sexes des élèves dans l'enseignement secondaire et supérieur, se répercutant du même coup dans le milieu professionnel.

Dans le domaine politique, même si les femmes disposent des mêmes droits que les hommes et que la loi sur le quota, adoptée depuis 2020, entend garantir surtout la représentativité des femmes dans les différents postes électifs, il n'en reste pas moins que dans les partis politiques, les femmes sont rarement placées au premier rang des listes électorales au même titre que les hommes. C'est plutôt leur apport en termes de voix, en raison de leur nombre élevé, qui est le plus recherché et apprécié par les partis politiques. Cette situation justifie, en partie, la faible représentativité des femmes au sein des instances décisionnelles.

Ainsi au Burkina Faso, le contexte culturel et religieux comporte encore des facteurs qui influencent et déterminent fortement l'accès des femmes et des hommes aux ressources, aux services sociaux de base, aux activités de la vie publique et privée ainsi que leur participation aux sphères décisionnelles.

Ce bref état des lieux laisse percevoir que bien que plus de la moitié de la population burkinabè soit de sexe féminin, lorsque l'on jette un regard inquisiteur sur la place de la femme, on constate que des disparités et inégalités subsistent toujours. Malgré les acquis juridiques et institutionnels, les politiques et actions menées, certains facteurs dont les pratiques et pesanteurs socioculturels rendent difficile la réalisation des droits des femmes. Lesquelles pratiques et pesanteurs s'avèrent complexes et difficiles à surmonter parce que, dans leur majorité, confortés par des stéréotypes de sexe qui les justifient et les légitiment.

DEUXIEME PARTIE

Déconstruire les stéréotypes de sexe pour l'émancipation des femmes

Au Burkina Faso, le statut des femmes est fortement régenté par la philosophie ancestrale plus ou moins imprégnée des préceptes religieux essentiellement musulmans et chrétiens. Ainsi, dès la naissance, une place distincte est réservée à chaque enfant suivant son appartenance sexuelle. A titre d'illustration, dans la culture des Mosse, ethnie majoritaire au Burkina Faso, l'annonce de la naissance d'un enfant de sexe féminin est faite à travers l'usage du mot « *Saana* » qui signifie en langue française « étranger(ère) ». Elle est identifiée comme telle dès la naissance par opposition à un nouveau membre, à part entière, de la famille qui correspondrait à la venue d'un enfant de sexe masculin. Cette distinction se traduit également dans l'éducation et dans la répartition des rôles et tâches dévolus aux filles et aux garçons. Ainsi, tandis que l'éducation de la fille est centrée sur la gestion du ménage, la maternité et l'assimilation de la supériorité du sexe opposé, le garçon, quant à lui, est initié à différents métiers. Cette « *...camisole de force sociale enserrera davantage la jeune fille à chaque étape de sa vie* ».[60] A l'âge adulte, cela n'offusque plus personne que les rôles soient bien répartis ; que les hommes jouent des rôles productifs, communautaires alors que les femmes jouent des rôles reproductifs, peu valorisés. Il s'agit essentiellement de tout ce qui touche à la reproduction humaine, à l'entretien des enfants et du ménage. Ces règles et valeurs sont véhiculées essentiellement à travers les stéréotypes. A ce sujet, les femmes, elles-mêmes, jouent un rôle majeur dans leur pérennisation. Ces stéréotypes, portant essentiellement sur des traits de personnalité et les comportements attribués distinctement aux femmes et aux hommes, constituent le plus souvent le soubassement, la justification des attitudes et traitements discriminatoires en défaveur des femmes et des filles. Jusqu'à nos jours, malgré l'absence de toute preuve matérielle susceptible d'attester de leur crédibilité, ces stéréotypes continuent d'être véhiculés dans l'environnement social burkinabè à travers divers canaux dont les médias, les manuels scolaires, dans les rapports familiaux, scolaires, communautaires, professionnels, etc.

De façon générale, ces stéréotypes ont pour vocation d'ériger et de légitimer les rapports différenciés entre les deux sexes. Même s'il est vrai qu'ils ne sont pas tous a priori négatifs, il faudrait tout de même retenir que le fait de réserver une qualité à un sexe, revient à la priver à l'autre sexe. De plus, les stéréotypes dits « positifs » se présentent comme une forme de *« sexisme angélique »*[61] dont les effets réels et attendus sont de minimiser les effets des stéréotypes néfastes et de faire obstacle du même coup à leurs critiques.

CHAPITRE 1

Les stéréotypes de sexe : source de violations des droits des femmes

En dépit des efforts déployés par le Burkina Faso au cours de ces dernières décennies, la discrimination entre les femmes et les hommes persiste à divers niveaux. Dans le domaine professionnel, politique et d'éducation formelle, les deux sexes n'ont toujours pas les mêmes chances de réussite ; les deux sexes ne s'égalent pas dans le cadre familial. Cette réalité se justifie en bonne partie par les stéréotypes qui sont véhiculés par des canaux divers.

Il importe alors de s'intéresser aux stéréotypes de sexe qui impactent négativement la réalisation des droits des femmes au Burkina Faso, notamment en examinant leur pratique avant de s'appesantir sur leurs effets.

Section 1 : La pratique des stéréotypes de sexe au Burkina Faso

Les conclusions d'une étude menée sur les différentes aires socioculturelles du Burkina Faso[62] montrent que la condition de la femme est quasiment la même dans les différentes communautés. En effet, la femme a un statut d'infériorité face à l'homme. Sous l'autorité de ce dernier, elle n'a pas de pouvoir de décision ni dans la famille, ni dans la communauté et elle est écartée de la chose politique. Elle n'est valorisée qu'à travers la procréation, comme l'illustre si bien un proverbe Bambara[63]: « *Bien plus que des boucles d'oreille, la vraie parure d'une femme, c'est l'enfant* ». Dans les aires socioculturelles, la division du travail s'est faite en faveur des hommes, les travaux ménagers sont du ressort exclusif des femmes. En plus des corvées domestiques, elles doivent participer aux travaux champêtres sans toutefois pouvoir posséder des lopins de terre.

Les stéréotypes ont été développés et véhiculés au fil des générations pour maintenir les femmes dans les rôles définis par ces communautés. Le brassage culturel, essentiellement avec l'occident, a aussi contribué à l'inculturation de bien d'autres formes de clichés toujours en défaveur des femmes.

Paragraphe 1 : Analyse des stéréotypes de sexe fréquents

Au Burkina Faso, il existe de multiples et multiformes stéréotypes qui touchent pratiquement tous les domaines de la vie. S'il ne peut être contesté qu'il en existe de flatteurs à l'égard des femmes, cette analyse est portée essentiellement sur les stéréotypes négatifs qui sont majoritaires et constituent la source de multiples discriminations en défaveur des femmes.

Par ailleurs, ces stéréotypes dits positifs dans le contexte social, couverts de leur nature flatteuse, servent à obtenir de la femme l'acception des rôles défavorables qui lui sont assignés et servent aussi à exiger d'elle une reconnaissance excluant du même coup toute velléité de contestation. Aussi, à l'analyse desdits stéréotypes, il se décèle de leur finalité des effets discriminatoires à l'égard des femmes. En tout état de cause, les stéréotypes sont développés et administrés de sorte qu'on ne reconnaisse des qualités au « *sexe faible* » que lorsque le « *sexe fort* » en tire un avantage certain. A titre illustratif, relativement au stéréotype qui consiste à dire que « *L'amour maternel n'a pas d'égal* », s'il paraît de prime à bord flatteur pour la femme, il dénie tout de même la possibilité qu'une telle qualité d'amour provienne du père. Dans la pratique, il est utilisé pour atténuer sinon décharger le père de toute responsabilité quant à l'éducation et à l'entretien des enfants. L'amour de la mère n'ayant pas d'égal, il n'y a meilleure personne que la mère pour assurer les tâches y découlant. Ces domaines deviennent dès lors l'apanage de la femme. Ce stéréotype, conjugué à un autre qui se veut tout aussi flatteur et selon lequel « *la femme est une conservatrice* », assigne à la femme le rôle de garante de la tradition et à ce titre, il lui est instruit, dans son rôle d'éducatrice de la génération future, la transmission de génération en génération des pratiques coutumières et sociales, quoique chargées de stéréotypes discriminatoires à son égard et nuisibles à son épanouissement. Assignée à ce rôle, la femme perpétue les pratiques et participent aussi aux violations des droits des femmes. Il en est ainsi en matière de pratique de l'excision qui, jusqu'à nos jours, demeure l'apanage des femmes. C'est pourquoi, disait le Président Thomas SANKARA : « *Se sont les femmes qui perpétuent le complexe des sexes, dès les débuts de l'éducation et de la formation du caractère.* ».[64]

I- Les stéréotypes touchant la personne, la vie familiale et sociale

Relativement à la personnalité de la femme, il est véhiculé de nombreuses idées stéréotypées parmi lesquelles nous retenons que « *la femme n'est pas digne de confiance* » ; qu'elle manque de direction et de discrétion, et sur ce fondement, il est recommandé de ne pas lui confier les affaires sérieuses. Ce stéréotype a des conséquences profondes sur les droits des femmes en ce sens qu'il affecte leur émancipation et leur droit à l'égalité. Ainsi, la femme peut se voir écartée de certains postes de responsabilité parce qu'elle ne présenterait pas assez de garanties de crédibilité. Aussi, les femmes victimes de violences peuvent hésiter à signaler ces actes par crainte de ne pas être crues ou d'être blâmées. De plus, ce stéréotype nuit à la participation politique des femmes en ce sens qu'il présuppose qu'elles ne sont pas assez aptes à prendre des décisions éclairées ou à occuper des postes de pouvoir. Enfin, ce stéréotype, lorsqu'il est intériorisé peut entrainer chez la femme une perte de confiance, pouvant justifier des hésitations à exprimer ses opinions ou à prendre des initiatives par peur d'être jugée moins digne de confiance. Ce stéréotype entrave de ce fait le développement personnel et professionnel de la femme.

C'est pour prévenir cette forme de violation des droits des femmes que le législateur réprime à l'article 513-5, tiret 1 du Code pénal, au titre des violences morales et psychologiques envers une femme ou une fille : « *Tout propos ou attitude, accompagné ou non d'agression physique, dont l'objectif est de porter atteinte à l'amour propre de la femme ou de la fille, de la dénigrer et réduisant la victime à un état d'impuissance ou de soumission* ».

De plus, on a le stéréotype de la « *femme sorcière* » qui est généralement véhiculé sur les femmes démunies et d'un certain âge. De ce fait, la quasi-totalité des personnes accusées de sorcellerie, aussi appelées dans notre société « *Mangeuses d'âme* », ont en commun le sexe féminin. Cette idée n'est pas conçue pour être appliquée aux hommes de sorte que lorsqu'on assimile l'homme à la sorcellerie, cette dernière perd sa connotation négative. Cette allusion est faite, au contraire, pour reconnaître à l'intéressé une certaine maîtrise des sciences dites « *occultes* ». Ce qualificatif engendre au détriment de la femme de nombreuses violences d'ordre moral et psychologique se manifestant par des menaces, la pression sociale, l'exclusion, le bannissement. Il engendre aussi des violences physiques en raison des coups et blessures, des sévices corporels que subissent les personnes qui en sont accusées. Les victimes ne sont pas non plus à l'abri de violences d'ordre économique et patrimonial, se matérialisant par la confiscation ou la destruction de leurs biens, etc.

Le stéréotype de la "femme sorcière" se présente comme une forme de discrimination fondée sur le genre qui porte atteinte aux droits des femmes. Il a d'ailleurs été utilisé pour justifier la persécution, la torture et l'exécution de milliers de femmes accusées de sorcellerie entre le XVIe et le XVIIIe siècle en Europe. Il a également servi à marginaliser, à stigmatiser et à contrôler les femmes qui revendiquaient leur autonomie, leur savoir ou leur pouvoir.

Aujourd'hui, le stéréotype de la "femme sorcière" continue d'avoir des effets négatifs sur les droits des femmes. Il contribue à renforcer les inégalités, les violences et les préjugés à l'égard des femmes qui ne se soumettent pas aux rôles traditionnels assignés à leur genre. Ce stéréotype viole le principe de dignité humaine et le droit à l'égalité et à la non-discrimination. Toutefois, il convient ne faut pas perdre de vue qu'en Europe, certaines femmes ont choisi de se réapproprier le symbole de la sorcière comme une icône féministe des temps modernes. Elles revendiquent la figure de la sorcière comme celle d'une femme libre, puissante et solidaire, qui résiste aux oppressions et qui affirme sa différence. Elles cherchent à valoriser l'héritage des sorcières comme des femmes savantes, guérisseuses et créatives, qui possèdent une connaissance alternative du monde. Elles espèrent ainsi contribuer à changer le regard porté sur les femmes et à promouvoir leurs droits.

Dans le contexte burkinabè, le législateur a fait le choix de lutter contre une telle discrimination fondée essentiellement sur le sexe en incriminant l'accusation de la pratique de la sorcellerie à l'article 514-3 du Code pénal qui punit : « *toute personne reconnue coupable ou complice d'accusation de pratique de sorcellerie* ». Le législateur a aussi incriminé, à l'article 513-6 dudit code, les violences engendrées en raison de cette accusation en punissant « *quiconque chasse, renvoie, rejette ou inflige des mauvais traitements à une fille ou à une femme accusée ou soupçonnée de sorcellerie.* ». Dans la même logique, il a été recommandé à l'adresse de l'État burkinabè, lors de l'EPU de 2018 (suscité), d'adopter une stratégie et un plan d'actions clairs, entre autres, pour prévenir et éradiquer les exclusions sociales pour allégations de sorcellerie.

On retient aussi le stéréotype véhiculé à travers l'idée selon laquelle « *la femme non excisée est insatiable* ». Ce stéréotype repose sur l'idée suivant laquelle les femmes qui n'ont pas subi de mutilations génitales féminines (MGF) ont une sexualité débridée, incontrôlable et immorale. Il a été utilisé pour justifier la pratique des MGF comme un moyen de contrôler la sexualité des femmes, de préserver leur virginité, leur fidélité et leur honneur. Il a également servi à stigmatiser, à humilier et à exclure les femmes qui n'ont pas été excisées, en les considérant comme impures, inférieures ou anormales. Pourtant, cette projection ne se fonde sur aucune forme de preuve empirique ou scientifique. Ces mutilations constituent une violation grave des droits de la femme portant sur son intégrité physique, constituant aussi une violence psychologique et entravant l'épanouissement, la santé sexuelle et reproductive des victimes. Ce stéréotype est une autre forme de discrimination fondée sur le genre qui porte atteinte aux droits des femmes.

Aujourd'hui, ce stéréotype continue d'avoir des effets négatifs sur les droits des femmes. Il contribue à renforcer les violences, les pressions et les menaces à l'égard des femmes qui refusent de se soumettre aux MGF ou qui s'opposent à cette pratique. Il empêche les femmes de jouir pleinement de leur droit à la santé sexuelle et reproductive, à l'intégrité physique et mentale, et à la liberté de choix. Il viole également le principe de dignité humaine et le droit à l'égalité et à la non-discrimination. C'est pourquoi le législateur burkinabè a tenu à réprimer non seulement la pratique de l'excision en ses différentes formes notamment en disposant que « *quiconque porte ou tente de porter atteinte à l'intégrité de l'organe génital féminin par ablation, par excision, par infibulation, par insensibilisation ou par tout autre moyen.* » (Art. 513-7,8 du Code pénal) mais également l'apologie de ladite pratique en punissant « *quiconque à travers son discours, propos ou écrit publics, encourage les mutilations génitales féminines.* » (Art. 513-9 du Code pénal).

Dans le cadre familial, la femme est dite « *Procréatrice* », elle donne vie et mérite donc respect. Cette idée, a priori, élogieuse s'avère être une grande source de pression familiale et sociale pour la femme. En effet, il lui est ôté toute liberté, tout choix en matière de procréation. Elle n'a véritablement pas la liberté de disposer de son corps, de décider de procréer ou de ne pas procréer. Étant procréatrice, elle doit procréer pour mériter le respect dans sa famille et dans la société. Ce stéréotype de la femme procréatrice est fortement appuyé par de nombreux adages dont l'un, traduit du Moore[65], signifie *: la grossesse est la preuve de la féminité »*[66]. Ce stéréotype repose sur l'idée que les femmes ont pour vocation principale ou exclusive de donner la vie et d'élever des enfants. Il a été utilisé pour justifier la domination des hommes sur les femmes, en les confinant à la sphère privée et domestique. Il a également servi à nier ou à restreindre les droits des femmes en matière de santé sexuelle et reproductive, tels que le droit à la contraception, à l'avortement en toute circonstance. Ce stéréotype constitue une grande source de discrimination pour les femmes d'une façon générale, mais il affecte davantage celles qui, par la force des choses ou de la nature, n'arrivent pas à donner la vie. Elles font l'objet de multiples violences (psychologique, morale, physique) se matérialisant surtout par l'exclusion, la répudiation, les injures, la remise en cause de leur féminité. Il s'agit d'une autre forme de discrimination fondée sur le genre qui porte atteinte aux droits des femmes.

Aujourd'hui, ce stéréotype continue d'avoir des effets négatifs sur les droits des femmes. Il contribue à renforcer les inégalités, les discriminations et les violences à l'égard des femmes qui ne souhaitent pas ou ne peuvent pas avoir des enfants, ou qui ont un nombre d'enfants jugé trop faible ou trop élevé par la société. Il empêche les femmes de jouir pleinement de leur droit à l'éducation, au travail, à la participation et à la représentation politiques, à la liberté d'expression et de mouvement. Il viole le principe de dignité humaine et le droit à l'égalité et à la non-discrimination.

Conscient des violences subies par les femmes en raison de leur stérilité réelle ou apparente, ou en raison de leur option pour la régulation des naissances, le législateur burkinabè a érigé en infraction à l'article 513-5 tirets 4 et 5 du Code pénal : « *(...) l'atteinte aux droits de la santé sexuelle et de la santé de la reproduction de la femme ou de la jeune fille, la limitation de la jouissance de ces droits, au moyen de la contrainte, du chantage, de la corruption ou de la manipulation, notamment l'interdiction d'utiliser des méthodes contraceptives ; (...) les mauvais traitements infligés aux femmes stériles (...)* ».

En outre, nous avons le stéréotype de la « *femme au foyer* » qui se traduit à travers l'adage : « *La femme, c'est le foyer* »[67]. Elle est le pilier du foyer. Dans son expression, ce stéréotype assigne la femme aux affaires domestiques, l'excluant par sous entendement des affaires publiques. Elle commande que dans le couple, c'est la femme qui reste à la maison ; qui s'occupe des corvées domestiques et de l'entretien des enfants. Faisant le foyer, la femme est censée porter la responsabilité de la cohésion, de l'équilibre familial avec toutes ses implications.

Ce stéréotype constitue est une atteinte aux droits des femmes car il les enferme dans un rôle qui ne correspond pas forcément à leurs aspirations, à leurs capacités et à leurs droits. Ce stéréotype repose sur l'idée selon laquelle les femmes sont naturellement destinées à s'occuper des enfants et de la maison, tandis que les hommes ont la charge de travailler et de subvenir aux besoins de la famille. Il a été utilisé pour justifier la division sexuelle du travail, la dépendance économique des femmes, la discrimination à l'embauche, l'inégalité salariale, le harcèlement sexuel, le plafond de verre, l'exclusion des femmes des sphères publiques et politiques.

Aujourd'hui, ce stéréotype continue d'avoir des effets négatifs sur les droits des femmes. Il empêche les femmes de jouir pleinement de leur droit à l'éducation, à la formation, à l'emploi, à la protection sociale, à la santé, à la culture, au loisir, à la liberté d'expression et de mouvement. Il viole le principe de dignité humaine et le droit à l'égalité et à la non-discrimination.

Ce stéréotype a pour corollaire un autre qui dit de la femme « *mère nourricière* ». En vertu de ce dernier, la femme est dite garante de l'alimentation de la famille. De ce fait, il lui appartient d'assurer le repas quotidien à tous les membres de la famille. Même lorsqu'elle mène une activité professionnelle en dehors du cadre familial, la charge de la cuisine lui revient et, face à des situations critiques liées par exemple à la famine ou à la précarité, il lui appartient de développer des initiatives pour que la famille ne manque pas du repas quotidien. Cette situation constitue une énorme source de pression morale et sociale pour la femme. Aussi, elle induit que la femme est censée s'abstenir des affaires publiques, de la vie professionnelle, politique pour se consacrer à son foyer.

Ces stéréotypes ont l'avantage, pour l'homme, de le déresponsabiliser à plusieurs égards. Ils se confortent dans l'idée selon laquelle les femmes sont naturellement dotées d'un instinct maternel, d'une capacité à nourrir et à prendre soin des autres, et qu'elles sont donc plus aptes à assumer ces rôles. Ces stéréotypes regorgent de nombreuses discriminations, en ce sens qu'ils portent atteinte à la liberté matrimoniale de la femme dont l'existence n'est pas conçue socialement en dehors des liens matrimoniaux. Représentant le foyer, la société assigne à la femme de vivre en union, sous la coupe d'un homme. Ils sont aussi discriminatoires en ce sens qu'ils portent atteinte à l'accès de la femme à l'emploi, à une carrière professionnelle parce qu'assignée aux tâches domestiques. Paradoxalement, ce travail (domestique) n'est pas comptabilisé et mieux, il est perçu comme dévalorisant lorsqu'il est accompli par l'époux. Relativement à la jeune fille, ces stéréotypes portent atteinte à son droit à l'éducation en ce sens que dès l'enfance, l'intérêt de sa scolarisation n'est pas véritablement perçu puisque l'apprentissage le plus important, en ce qui la concerne, se résume à l'entretien du foyer, connaissance qui, pourtant, se transmet de mère en fille. Ces stéréotypes portent aussi atteinte à sa liberté de choisir l'orientation qu'elle veut donner à sa vie active. De plus, ces stéréotypes ont pour effet de limiter la promotion de la femme toute chose qui s'illustre aisément par la sous-représentation des femmes en milieu scolaire et dans les différents domaines de la vie publique et associative. En outre, les femmes qui entendent surmonter ces stéréotypes sont souvent victimes de multiples formes de menaces, violences d'ordre moral et psychologique notamment la pression du conjoint, de la famille ; de violences physiques à travers diverses atteintes à leur intégrité physique susceptibles de les conduire à abdication ; de violences économiques et patrimoniales, à travers la privation de certains de leurs moyens de production, la destruction ou la confiscation de leurs biens, de leurs diplômes, etc.

C'est pour pallier ces formes de violations manifestes des droits des femmes que le législateur réprime à l'article 513-5, tiret 7 du Code pénal, au titre des violences morales et psychologiques envers une femme ou une fille : « *l'interdiction sans raison fondée d'exercer une profession, de pratiquer une activité génératrice de revenus, une activité associative et politique* ».

Par ailleurs, on dénombre des stéréotypes soutenant l'idée de la soumission de la femme à l'homme. Ainsi, il y a le stéréotype portant sur le chef de famille. L'adage Mosse qui dit que : « *quelle que soit la grandeur d'une femme, le foyer ne lui appartient pas* »[68] traduit fidèlement l'idée véhiculée par ce stéréotype. En effet, selon cette idée, seul l'homme est ou peut être le chef de famille. Le Code des personnes et de la famille, entré en vigueur en 1990, a banni de son contenu la notion de « chef de famille » (attribuée à l'homme) et a consacré le principe de l'égalité des époux dans l'entretien et la gestion du ménage. Toutefois, cette consécration formelle ne s'est pas matérialisée dans les rapports sociaux, puisque dans les familles et communautés, il continue d'être prêté à l'homme le titre de « *Zak sôba* »[69] ou « *Sotigui* »[70] qui signifie chef de famille. Ainsi, il est demeuré dans les mentalités et traduit dans la pratique que, dans le couple, l'homme est le chef de famille. Cela induit que c'est l'homme qui prend les décisions qui touchent la famille. Il lui revient de décider aussi bien pour lui, ses enfants que pour son épouse. Cette situation réduit la femme au statut d'« *incapable majeure* » parce que n'ayant pas le droit de décider même pour ce qui la concerne. Ce stéréotype est une source de discrimination en défaveur de la femme car celle-ci ne participe pas véritablement aux décisions relatives non seulement à la gestion du ménage et à celles concernant ses propres enfants, mais également à celles la concernant personnellement. Elle doit se soumettre même lorsque la décision, dans ses effets, vont à l'encontre de ses intérêts. De plus, il y a lieu de préciser qu'au plan culturel, le titre de chef de famille ne peut pas être attribué à la veuve qui gère le ménage et assure l'entretien et l'éducation des enfants parce qu'elle est considérée comme étant sous la « *tutelle* » des parents de l'époux défunt, toute chose qui se concrétise par la pratique du lévirat et assimilée. Ainsi, dans ce contexte, la veuve finira par être contrainte à s'unir à l'un des frères de son défunt époux.

Ce stéréotype a, en pratique, d'autres corollaires dont celui de la femme « *propriété de l'homme* » qui peut se traduire par l'adage qui dit : « *la femme et tout son pouvoir appartient à son mari* ». Cette idée confine la femme sous le joug de son conjoint, l'empêchant de se réaliser au-delà du bon vouloir de celui-ci. C'est sur ce fondement que de nombreuses femmes se voient dépouillées ou privées de leur patrimoine ou source de revenus par leur conjoint. Ajouter à l'idée de la soumission, la femme est confinée dans l'acception, la résignation face à l'oppression, à l'injustice, à la violation de ses droits fondamentaux suivant le gré de son conjoint. Ce dernier pouvant lui imposer ou lui interdire des comportements, des activités ou positions au gré de ses humeurs. Ce stéréotype constitue une entrave aux droits des femmes, car il implique une inégalité de statut, de pouvoir et de liberté entre les deux sexes. Il repose sur l'idée que l'homme est le détenteur de l'autorité et du contrôle dans la famille et dans la société, et que la femme lui est soumise et dépendante. Il va à l'encontre de ces droits et entrave le progrès social et économique des femmes et des sociétés dans lesquelles elles vivent.

Ce stéréotype justifie de nombreuses discrimination (l'accès à l'éducation, à l'emploi, à la santé, à la justice, à la participation politique et à la prise de décision), diverses violences et limitations de l'autonomie personnelle et financière des femmes.

Pour obtenir de la femme l'acceptation de sa condition féminine, il est véhiculé le stéréotype selon lequel « *c'est la femme qui valorise homme* ». Il induit que c'est de l'inconduite de la femme que découlera le déshonneur de son conjoint. Ce stéréotype permet d'imposer sournoisement, à la femme, une conduite conforme aux règles séculaires, au rôle auquel elle a été assignée. Ce stéréotype constitue une entrave aux droits des femmes, car il implique que la femme n'a pas de valeur en elle-même, mais qu'elle dépend de l'homme pour exister et être reconnue. Ce stéréotype repose sur l'idée que l'homme est le centre de la société et que la femme n'est qu'un accessoire ou un objet qui sert à embellir ou à renforcer son statut. Ce stéréotype a des conséquences négatives sur la vie des femmes, telles que :

- La soumission à l'homme, qui peut entraîner des situations d'abus, de violence, de domination ou d'exploitation.

- La dévalorisation de soi, qui peut affecter l'estime de soi, la confiance en soi, l'ambition personnelle ou professionnelle des femmes.

- La restriction des choix de vie, qui peut limiter les opportunités d'éducation, d'emploi, de loisirs, de mobilité ou d'expression des femmes.

Ce stéréotype va à l'encontre de ces droits et entrave le progrès social et économique des femmes et des sociétés dans lesquelles elles vivent. C'est au regard de cette situation que le législateur burkinabè, à l'article 513-1 du code pénal, a érigé en violences patrimoniales contre la femme ou la fille, « *tout acte ou négligence affectant la survie de la victime et consistant à transformer, soustraire, détruire, retenir ou détourner des objets, documents, biens et valeurs, des droits patrimoniaux ou ressources économiques destinés à couvrir ses besoins et pouvant s'étendre aux dommages causés aux biens communs ou propres à la victime ;* ».

Il se dégage enfin le stéréotype selon lequel « *La femme est une étrangère* ». Ce stéréotype repose sur l'idée que la femme est différente de l'homme, qu'elle est l'autre, l'altérité, et qu'elle ne peut pas être intégrée ou assimilée. En effet, la femme est considérée comme étrangère dès la naissance dans sa propre famille parce qu'elle doit rejoindre, à travers le mariage, un époux et par ricochet une autre famille. Toutefois, elle se verra réserver le même sort dans sa famille par alliance, la séparation n'étant pas exclue. Cette situation s'avère hautement préjudiciable à la femme qui, dans sa famille de naissance, ne bénéficiera d'aucun investissement sur sa personne et son devenir. Autrement dit, les avantages et les biens de la famille sont réservés aux enfants de sexe masculin, limitant le sexe féminin à un simple droit d'usage en attendant le mariage. Elle fera aussi l'objet de discrimination quant à l'opportunité d'accéder à l'éducation formelle étant entendu que, dans la conscience traditionnelle, son éventuelle réussite ne profitera qu'à son foyer et dans une certaine mesure à sa future famille par alliance. De ce fait, suivant la coutume, elle se retrouve exclue de l'héritage. Le partage des biens, dont les terres qui constituent la principale source de richesse en milieu rural, est fait à l'exclusion des femmes. Ainsi, la femme n'a pas droit à la terre puisqu'elle est une étrangère. Paradoxalement, il lui est réservé le même sort dans sa famille par alliance puisqu'elle demeure une partante potentielle. Cet « *étrangéité* » conditionne aussi ses relations dans sa famille par alliance qui ne lui accordera qu'un droit d'usage sur les biens. Ainsi, elle ne possède pas la terre, mais exploite la terre appartenant à son époux et en cas de veuvage, l'ensemble des biens lui sont retirés à moins de consentir au lévirat ou pratique assimilée.

Cette situation constitue une pression considérable sur la femme et est caractéristique d'une violation de ses droits patrimoniaux, successoraux. Elle porte aussi atteinte à la liberté matrimoniale.

Le stéréotype de la femme étrangère va à l'encontre de ses droits et entrave le progrès social et économique des femmes et des sociétés dans lesquelles elles vivent. C'est justement pour venir à bout de cette injustice que la loi burkinabè réprime le mariage forcé et pratiques assimilées, accorde expressément à la femme un droit sur la succession du conjoint défunt et réprime à l'article 532-9 du Code pénal « *...quiconque détourne frauduleusement des sommes d'argent dues aux veufs ou veuves et/ou aux enfants orphelins au titre d'une pension ou de l'exécution d'une décision de justice* ».

II- Les stéréotypes touchant le pouvoir et le domaine socio-économique

Relativement aux affaires publiques, des stéréotypes sont véhiculés sur des femmes qui sont arrivées à se délier des normes sociales pour se retrouver à des niveaux élevés de la vie politique, professionnelle, entrepreneuriale, socio-économique. En effet, il s'agit de l'idée selon laquelle « *la femme intellectuelle est insoumise* ». Ce stéréotype repose sur l'idée que la femme doit être soumise, docile ou passive, et qu'elle ne doit pas remettre en question ou contester le statu quo. Dans la réalité, ayant été scolarisée, ayant acquis des connaissances sur ses droits, sur le fonctionnement du monde et étant indépendante financièrement, la femme intellectuelle a tendance à s'affirmer nonobstant les règles coutumières qui voudraient la maintenir dans un statut d'infériorité. Elle est donc traitée d'insoumise parce qu'elle ose enfreindre les règles relatives à la répartition des rôles. Ce stéréotype est préjudiciable aux femmes et aux filles. Cette réalité conduit certaines filles à abréger leurs études par crainte de ne pas trouver de prétendants. Concernant les femmes déjà mariées, sous la pression du conjoint, elles abandonnent leurs études ou freinent leur élan vers une carrière prometteuse, préférant se contenter des postes d'exécutant que de responsable, se résignant de gré ou sous la pression du conjoint. Ce stéréotype constitue une atteinte aux droits des femmes, car il implique que la femme qui a des connaissances, des compétences ou des opinions ne respecte pas l'autorité, les normes ou les attentes de la société. Ce stéréotype a des conséquences négatives sur la vie des femmes, telles que :

- La discrimination dans l'accès à l'éducation, à la culture, à la science ou à la recherche, qui sont considérées comme des domaines réservés aux hommes ou incompatibles avec la féminité.
- La dévalorisation ou l'invisibilisation du travail intellectuel des femmes, qui sont souvent ignorées, sous-estimées par leurs pairs masculins.
- La stigmatisation, le rejet ou la violence à l'égard des femmes intellectuelles, qui sont perçues comme des menaces, des transgressives par la société patriarcale.

Par crainte de briser le lien matrimonial, elle s'y conforme encore que le corollaire de ce stéréotype est celui selon lequel « *la femme intellectuelle a des mœurs légères* ». Ce stéréotype repose sur l'idée que la femme doit passive et ne doit pas avoir de désirs, de plaisirs ou de libertés sexuelles. Exerçant une activité professionnelle en dehors du foyer, entretenant des rapports de divers ordres avec des hommes et étant amenées à effectuer des missions à l'extérieur, il devient difficile de les apprivoiser. Ce stéréotype est le plus usité à l'adresse des femmes cadres supérieurs des administrations publiques ou privées et celles occupant de très hautes fonctions politiques. Ils portent atteinte à l'honneur et à la dignité de ces femmes. Ce stéréotype constitue une atteinte aux droits des femmes, car il implique que la femme qui a des connaissances, des compétences ou des opinions n'a pas de morale, de respect ou de fidélité.

Ces stéréotypes constituent une grande source de pression et sont discriminatoires puisque n'étant véhiculés que sur la gent féminine. Ils sont constitutifs de violences morales et psychologiques sur la femme et la fille suivant l'article 513-5, tiret 1 du code pénal précité.

Relativement à la participation de la femme à la prise de décision, il y a le stéréotype selon lequel « *la femme est inférieure à l'homme* ». Il part du postulat qu'une femme est incapable de commander un homme ou de réussir par elle-même. Il a pour corollaire le stéréotype selon lequel « *la femme est un être faible* ». Cette idée fait référence aussi bien à la faiblesse physique, morale que psychologique. A ce sujet, on entendra dire aux enfants « *un garçon ne pleure pas, ce sont les filles qui pleurent* », l'écoulement des larmes étant synonymes de faiblesse. En effet, partant d'une différenciation biologique, on conditionne les deux sexes à croire en la supériorité de l'homme sur la femme. Cette idée est soutenue par des dictons populaires parmi lesquels on peut retenir : « *quel que soit l'âge d'une femme, elle ne poussera jamais de barbe* » pour signifier que, quel que soit son âge ou ses attributs, une femme n'égalera jamais un homme. Cette idée est insérée dans les mentalités de chaque groupe sexué depuis le bas âge de sorte à amener autant les hommes que les femmes à l'accepter. Elle explique la perte de confiance des femmes en elles-mêmes et en leurs paires face aux hommes. Cette réalité se traduit par l'éloignement, volontaire, par moment, des femmes des postes décisionnels.

Ce stéréotype constitue une atteinte aux droits des femmes car il limite leur capacité de développer leurs compétences personnelles, d'exercer un métier et de prendre des décisions concernant leur vie. Ce stéréotype est aussi à l'origine de nombreuses discriminations et violences à l'égard des femmes, qui portent atteinte à leurs droits fondamentaux, tels que le droit à la santé, à l'éducation, au travail, à la liberté d'expression, à la participation politique, etc.

De plus, il a été conçu le stéréotype suivant lequel *« certains métiers ne sont pas faits pour les femmes »*. La répartition des rôles a enfermé les femmes dans certains corps de métiers en les écartant de bien d'autres considérés comme des *« métiers d'hommes »*. Il crée un complexe au sein de la gent féminine pour l'exercice de certains métiers et aussi un complexe venant des structures sociétales d'admettre les femmes dans lesdits corps de métiers. Ces activités sont privées, de ce fait, de compétences féminines. Il s'agit généralement de métiers qui s'apparentent aux tâches relevant traditionnellement des rôles dévolus aux hommes notamment les domaines scientifiques et techniques. Ce stéréotype enfermant est aussi courant sous d'autres cieux d'où il nous vient des réflexions telles que : *« les sciences sont très difficiles pour les filles, les études scientifiques sont trop longues pour les filles qui doivent songer à se marier » ; « les filles à gros diplômes peinent à trouver des prétendants »*. Pourtant, bien de femmes réussissent ou ont réussi à conjuguer toutes ces exigences.

Ce stéréotype se fonde essentiellement sur des préjugés qui associent certains métiers à des qualités ou des compétences supposées être propres à un sexe ou à l'autre. Par exemple, on pense souvent que les femmes sont plus aptes aux métiers de soin, d'éducation ou de communication, tandis que les hommes sont plus doués pour les métiers techniques ou scientifiques. Ces préjugés sont renforcés par la socialisation différenciée des filles et des garçons, qui les oriente vers des filières scolaires et des loisirs différents selon leur sexe. Ces préjugés sont aussi véhiculés par les médias, la publicité ou la culture, qui reproduisent des images stéréotypées des femmes et des hommes dans certains métiers.

Ce stéréotype constitue une atteinte aux droits des femmes car il viole le principe de non-discrimination et d'égalité des chances dans l'accès à l'emploi. Il limite les choix professionnels des femmes et les confine à des secteurs d'activité moins valorisés, moins rémunérés et moins protégés. Il contribue aussi à maintenir le plafond de verre qui empêche les femmes d'accéder aux postes de responsabilité et de pouvoir. Ainsi, suivant le Tableau de bord 2019 de la recherche scientifique du ministère de l'enseignement supérieur, de la recherche scientifique et de l'innovation sur une ensemble de 2 272 chercheurs et enseignants-chercheurs, les femmes sont estimées à 17,1%.

Cette situation justifie en partie de nombreuses actions et mesures visant la promotion des filières scientifiques et techniques auprès des jeunes filles sont organisées.

Un autre stéréotype utilisé pour écarter les femmes de certains corps de métier est celui, selon lequel, « *La femme est versatile* » donc incapable de prendre une décision bonne et soutenue. Il constitue une atteinte aux droits des femmes car il véhicule une image négative et dévalorisante des femmes, qui seraient incapables de se fixer, de se décider ou de se tenir à leurs engagements. Ce stéréotype remet en cause la crédibilité, la fiabilité et la compétence des femmes, que ce soit dans le domaine professionnel, politique, familial ou personnel. Il est aussi servi pour justifier ou pour minimiser les violences faites aux femmes, en les accusant d'être responsables de leur situation ou de changer d'avis selon leur humeur.

Ce stéréotype se fonde sur une vision essentialiste et binaire du genre, qui attribue des caractéristiques naturelles et immuables aux femmes et aux hommes, sans tenir compte de la diversité et de la complexité des identités et des expériences individuelles. Ce stéréotype ignore aussi le fait que les femmes, comme les hommes, sont capables d'évoluer, de s'adapter et de se remettre en question tout au long de leur vie, en fonction de leurs aspirations, de leurs opportunités et de leurs contraintes.

Enfin, nous avons le stéréotype de « *la femme objet* ». Il s'agit de la perception de la femme comme une valeur marchande dans la mesure où elle est utilisée pour nouer des liens entre familles en relation d'affaires ou d'amitié. Cette situation est source de contrainte et de menace. La femme est aussi échangée contre des valeurs matérielles, à travers notamment le versement de la dot. En outre, cette idée conforte la pratique du lévirat à travers lequel l'un des frères de l'époux défunt « *hérite* » de la veuve. La femme est aussi offerte en guise de reconnaissance, de remerciement. De même, à travers les médias et avec le développement des nouvelles technologies, la femme est exhibée pour mieux commercialiser ou pour attirer la clientèle.

Ce stéréotype est fondé sur une vision patriarcale et androcentrique du genre, qui attribue aux hommes le pouvoir, le contrôle et le statut social, et aux femmes le rôle de complément ou d'accessoire des hommes.

Ce stéréotype est renforcé par les médias, la publicité ou la culture, qui diffusent des images dégradantes, sexualisées ou « *objectifiantes* » des femmes. Ces images sont souvent utilisées pour vendre des produits ou des services, en exploitant le désir ou le fantasme masculin.

Ce stéréotype constitue une atteinte aux droits des femmes car il réduit les femmes à leur apparence physique et à leur fonction sexuelle, en niant leur personnalité, leur dignité, leur intelligence et leurs capacités. Il contribue à la discrimination, à l'exploitation et à la violence à l'égard des femmes, qui sont considérées comme des marchandises, des trophées ou des proies. Ainsi, il peut justifier le harcèlement sexuel, le viol ou la traite des femmes. Il peut aussi influencer négativement l'estime de soi, la santé mentale et le bien-être des femmes, qui subissent une pression sociale pour se conformer à des normes de beauté irréalistes et oppressives.

Ces divers stéréotypes, lorsqu'ils sont mis en avant pour refuser la fourniture d'un bien ou d'un service ; entraver l'exercice normal d'une activité économique quelconque ; refuser d'embaucher, sanctionner ou licencier une personne ; subordonner tout service ou avantage à une condition discriminatoire, sont répréhensibles au titre du délit de discrimination à caractère sexiste, suivant l'article 322-3 du code pénal.

Ces différents stéréotypes qui portent fortement atteinte aux droits des femmes sont diffusés à travers divers canaux.

Paragraphe 2 : Domaines de diffusion des stéréotypes

D'une manière générale, tous les lieux de socialisation constituent des milieux potentiellement favorables à la diffusion des stéréotypes. Les stéréotypes sont le plus souvent véhiculés à travers divers canaux dont les plus usités sont la parole, l'usage des proverbes, les écrits, les signes, et ce dans divers cadres notamment familial, communautaire, de productions ainsi que dans les médias.

I- La diffusion des stéréotypes dans le cadre familial, éducatif et des médias

C'est dans le cadre familial que s'opère en premier lieu la socialisation. Dès les premiers moments de la vie et dans leurs rapports avec le sexe opposé, les stéréotypes sont invités dans le comportement des enfants. Les filles reçoivent une éducation différenciée. Les parents, ayant eux-mêmes été socialisés, reproduisent le même schéma auprès de leur progéniture.

L'école, quant à elle, représente un enjeu majeur de socialisation. Elle constitue un cadre privilégié dans le façonnement et l'apprentissage des normes sociales. Dans son format actuel au Burkina Faso, il apparaît que même si les enfants ont déjà été imprégnés par les stéréotypes de sexe dès le début de leur scolarisation, l'école continue de les véhiculer en raison de nombreux facteurs. Ainsi à l'école, les stéréotypes sont d'abord transmis par le corps enseignant de façon volontaire ou non. En réalité, ceux-ci ne bénéficient pas de véritables formations sur la question des stéréotypes, sur le principe d'égalité entre les filles et les garçons et celui de la non-discrimination ainsi que sur les enjeux qui y sont liés ou de façon globale sur les concepts de genre. En raison de cette défaillance, le quotidien des écoles est un espace d'interaction, entre enseignants et élèves et entre élèves, suffisamment marqué par les représentations sociales du masculin et du féminin. Dans les écoles, les enfants apprennent à se placer dans un rôle différencié puisque leur comportement et leur résultat sont souvent jugés au prisme de leur sexe. Les tâches accomplies dans le cadre scolaire sont souvent réparties suivant le sexe. S'affirmant suivant les exigences de virilité, les garçons occupent l'espace et s'adonnent aux jeux avec turbulence. A l'inverse, une telle attitude émanant d'une fille pourrait engendrer une remarque sur sa condition de femme, impliquant certaines exigences dont la retenue, la douceur. Quoi qu'il en soit, il ne fait aucun doute que les élèves reçoivent quotidiennement une grande quantité d'informations considérées comme adéquates pour leur sexe. Celles-ci passent par le biais des attentes, des interactions pédagogiques et par le contact entre élèves. Ainsi, de façon insoupçonnée, on évalue un comportement, on développe une attente, on régule une interaction de manière différente suivant le sexe de l'élève, tant ces représentations s'imposent à chaque acteur-trice social-e.

Par ailleurs, ces stéréotypes influencent également les choix scolaires, les orientations professionnelles, les performances et les aspirations des filles et des garçons. Par exemple, les filles sont souvent orientées vers des filières littéraires ou sociales, tandis que les garçons sont encouragés à poursuivre des études scientifiques ou techniques.

Quant aux manuels scolaires utilisés au Burkina Faso, ceux-ci regorgent des stéréotypes en défaveur de la femme. Du cycle primaire au secondaire, des stéréotypes y sont véhiculés. Ils transparaissent aussi bien dans les textes que dans les illustrations. De façon anodine, insidieuse, puis à force de répétitions tout au long des deux cycles, ils finissent par se figer dans le subconscient des apprenants. Ceux-ci finissent par trouver les idées, telles qu'illustrées et décrites, normales. Ainsi, des stéréotypes subsistent dans les manuels, contrairement aux engagements pris par le Burkina Faso, (cf. article 5 *c)* CEDEF). Dans les livres de la première à la sixième année, l'essentiel des tâches domestiques notamment la cuisine, le ménage, l'entretien des enfants, l'approvisionnement en eau et la fourniture en bois de chauffe sont accomplies par les filles et les femmes. Cette situation rappelle les stéréotypes se rapportant à « *la femme au foyer* », « *la femme nourricière* » tandis que dans lesdits manuels, les hommes accomplissent des tâches liées à des métiers et les garçons s'adonnent aux jeux. A titre d'illustration, au niveau des pages 32 et 33 du livre de la première année, « *Malo est sur une moto* » tandis qu'« *Ami est en train de Piler* » (Malo est un garçon et Ami une fille) et à la page 12 de la sixième année, on peut lire dans le texte : « *les repas sont choses qui regardent d'abord les femmes* ». Par ailleurs, dans ces manuels, ce sont les filles qui reçoivent des coups venant des garçons. Ainsi, à la page 29 du livre de la première année, « *Ali tape Lalé* » illustrée par l'image d'un garçon ayant levé la main pour administrer un coup à une fille. Cette représentation traduit le stéréotype de la supériorité de l'homme sur la femme. Il rappelle aussi l'idée de la soumission de la femme à l'homme et « normalise » les violences faites aux femmes.[71] Le stéréotype de la femme objet s'y retrouve aussi, entre autres, à la page 108 du livre de la quatrième année où le roi s'engageait en déclarant *« Je donne ma fille au lépreux »*[72].

Les stéréotypes ne se retrouvent pas uniquement dans les manuels dédiés à la lecture, ils se retrouvent aussi dans les autres livres dont celui de calcul où dans les illustrations et les énoncés des problèmes, l'achat et la vente des fruits et légumes sont l'apanage des filles.[73] De façon globale, dans les manuels scolaires aussi bien du primaire que du secondaire, ils se répètent de façon récurrente les stéréotypes se rapportant à la femme au foyer, la femme nourricière, la femme soumise [74], la femme objet, la femme sorcière, la femme dépendante, ignorante et méchante.

Relativement aux médias, on peut retenir qu'ils peuvent constituer un facteur important dans l'ancrage des stéréotypes. Faisant partie intégrante de notre quotidien, ils influencent nos réalités. De ce fait, ils peuvent contribuer aussi bien à la construction qu'à la déconstruction des normes. C'est pourquoi Éric MACE, sociologue et spécialiste des médias précisait que : *« Les programmes de télévision sont moins le reflet de la réalité sociologique, de leur contexte que le reflet des actions de monstration des réalités par les professionnel-le-s de la télévision, dans l'information comme dans la fiction et le divertissement »*[75].

Les stéréotypes de sexe sont présents dans les images, les discours et les représentations véhiculés par les médias, tels que la presse, la télévision, le cinéma, la publicité ou Internet. Par exemple, les femmes sont souvent montrées comme des objets sexuels, des mères au foyer ou des victimes, tandis que les hommes sont présentés comme des leaders, des héros ou des experts. Les médias peuvent aussi renforcer les inégalités entre les sexes, en donnant plus de visibilité et de crédibilité aux hommes qu'aux femmes.

Les publicités, de façon spécifique, peuvent constituer de grands vecteurs de diffusion des stéréotypes. Le but poursuivi étant lucratif, les promoteurs usent le plus souvent des images collectives pour vendre des produits en ciblant des groupes sociaux identifiés, généralement suivant des normes stéréotypées. On peut remarquer que tout ce qui touche au domestique a pour cible manifeste les femmes dans les publicités et ce sont elles qui sont mises en scène pour l'illustrer. Pa ailleurs, à l'adresse des enfants, les jouets sont présentés de façon bien répartie suivant les rôles de sorte que les poupées et ustensiles de cuisine sont dédiés aux filles pendant que les jeux de société, de construction sont adressés aux garçons, toute chose qui est de nature à renforcer les stéréotypes. Pourtant, la loi 080-2015/CNT du 23 novembre 2015 portant règlementation de la publicité, en plus d'interdire toute discrimination fondée sur le sexe (article 19), prévoit expressément en ses articles 47 et 48 que « *Tout message publicitaire doit préserver la dignité de la femme. Aucun message publicitaire ne doit contenir des dénigrements directs ou indirects à l'encontre de la femme. Tout message publicitaire de nature à provoquer le mépris, le ridicule ou le discrédit à l'égard de la femme est interdit.* », « *Aucun message publicitaire ne doit suggérer l'idée d'une infériorité ou d'une dépendance de la femme à l'homme et réduire son rôle à l'entretien du foyer ou à des tâches purement ménagères, en méconnaissance de ses aptitudes et de ses aspirations.* ».

Les articles de presse écrite peuvent aussi enfermer des stéréotypes surtout lorsqu'ils sont développés pour défendre consciemment ou non des idées stéréotypées en défaveur des femmes. Des annonces également peuvent les véhiculer. A titre d'illustration, pour le recrutement d'un animateur ou d'une animatrice à la page 11 d'un magazine (média 2000), on pouvait lire : « *...Vous êtes un homme intelligent, plein d'assurances et d'initiatives ; vous êtes une femme charmante, entreprenante et intelligente...* »[76]. Manifestement, cette annonce véhicule le stéréotype de la femme objet. De nos jours, ce stéréotype est véhiculé avec plus de subtilité à travers l'insertion du critère de « *présentabilité* » dans le profil recherché pour ce qui concerne les candidatures féminines.

La radio, surtout en milieu rural, la télévision et les réseaux sociaux en milieu urbain, constituent de puissants moyens de communication de masse au Burkina. Les émissions, publications et d'une façon générale tout ce qui y est diffusé ou publié influencent les comportements des auditeurs, téléspectateurs et utilisateurs. Ils contribuent fortement à forger les mentalités dans un sens comme dans l'autre. Ainsi, est-il courant de constater que les messages véhiculés lors des émissions interactives sur les chaînes de certaines radios rurales et même urbaines font parfois l'apologie de la soumission de la femme et de ses rôles sociaux liés essentiellement à l'entretien du foyer. Sur les chaînes de télévision, des stéréotypes de la femme soumise et inferieure à l'homme ressortent souvent à l'occasion des émissions-débat ; des stéréotypes de la femme objet y ressort également à travers notamment des téléfilms diffusés, des clips, des spots publicitaires, etc.

Pour ce qui concerne les acteur-trice-s des médias, ceux-ci reproduisent parfois les systèmes de représentation de la société dont eux-mêmes sont issus. N'ayant généralement pas bénéficié d'une formation spécifique sur la question des stéréotypes, ils en sont eux-mêmes vecteurs et ne peuvent pas toujours réagir de façon appropriée face à un intervenant, lors d'une émission, qui étale ces types d'idées consciencieusement ou non. Pourtant à ce propos, l'article 7 de la loi n°059-2015/CNT du 04 septembre 2015 portant régime juridique de la radiodiffusion sonore et télévisuelle au Burkina Faso prévoit que : « *Nul ne doit se servir des moyens de communication audiovisuelle pour inciter à la discrimination fondée sur le sexe* » ; par ailleurs, l'incitation à la discrimination fondée sur le sexe ou l'apologie d'un tel fait, par tout moyen audiovisuel même par voie de presse en ligne, est réprimée par la législation pénale burkinabè. Ainsi, suivant l'article 322-2 du code pénal « *Est considéré comme acte de discrimination, toute distinction, exclusion, restriction, ou préférence fondée sur (...) le sexe (...) qui a pour but ou pour effet de détruire ou de compromettre la reconnaissance, la jouissance ou l'exercice, dans des conditions d'égalité des droits de l'homme et des libertés fondamentales dans les domaines politique, économique, social et culturel ou dans tout autre domaine de la vie publique.* » et l'article 322-4 punit « *tout discours ou écrit public qui justifie ou prétend justifier toute discrimination telle que visée à l'article 322-2 ci-dessus, toute haine, toute intolérance ou violence pour quelque motif que ce soit à l'égard d'une personne ou d'un groupe de personnes.* ».

Enfin, les stéréotypes peuvent être véhiculés dans le contexte religieux à partir de l'interprétation des Saintes Écritures faite par certains responsables religieux.

II- Les stéréotypes véhiculés à différents niveaux de la vie sociale et professionnelle

Les stéréotypes sont diffusés à divers niveaux de la vie sociale et professionnelle. L'administration publique n'est pas exempte de diffusion de stéréotypes. Étant animés par des acteur-trice-s, des individus imprégnés par la répartition des rôles au sein d'une société dont ils sont eux-mêmes issus, ceux-ci constituent, de façon insoupçonnée, des vecteurs des mêmes défaillances. Cela d'autant plus que les questions de genre ne sont pas prises en compte dans les curricula de formation des acteur-trice-s qui animent les administrations publiques tant au niveau central qu'au niveau décentralisé. Pourtant, la communication institutionnelle a un grand impact sur les populations, de sorte que toute diffusion de messages stéréotypés par les représentants du pouvoir public aura pour conséquence de les légitimer. En outre, dans le monde du travail, lieu de socialisation des adultes, les stéréotypes peuvent y être diffusés et se matérialiser à travers la répartition des postes de travail. L'infériorité numérique des femmes dans certains corps de métier, l'insuffisance de représentativité féminine dans d'autres corps de métier font aussi preuve de la forte division du travail selon les qualités et les compétences assignées à chaque personne suivant son appartenance sexuelle.

Par ailleurs, les stéréotypes ayant été intériorisés en amont, avant le début de la carrière, ils se manifestent souvent dans les rapports entre agents sur les lieux de travail.

La communication institutionnelle peut aussi reproduire ou légitimer des pratiques sexistes au sein des organisations.

Les stéréotypes de sexe peuvent affecter la façon dont les institutions publiques ou privées communiquent avec leurs usagers, leurs partenaires ou leurs employés. Par exemple, le langage ou l'image utilisés dans les documents officiels, les campagnes de sensibilisation ou les offres d'emploi peuvent véhiculer des messages discriminatoires, « *invisibilisants* » ou excluants à l'égard des femmes. Pour illustrer, en matière de légistique au Burkina Faso, le langage utilisé dans les textes est essentiellement « genré » de manière à exclure ou à minimiser la présence des femmes. Ainsi, l'utilisation du masculin universel tel que « Homme » ou des termes spécifiquement masculins pour désigner des titres ou fonction contribue à invisibiliser les femmes qui détiennent ces titres ou exercent ces fonctions, et perpétue les stéréotypes de sexe. Il est courant d'entendre ou de lire « Madame le Ministre » ou « Madame le Gouverneur » dans les documents officiels.

Enfin, dans le monde associatif, culturel et sportif, les stéréotypes s'y trouvent véhiculés. Dans la vie associative, parce que les hommes sont socialisés pour occuper davantage la sphère publique, ce sont souvent eux qui prennent la parole et deviennent les leaders de ces organisations.

Section 2 : L'impact des stéréotypes sur l'effectivité des droits des femmes

Les stéréotypes de sexe se présentent comme des agents de la hiérarchie entre les hommes et les femmes. Ils outillent les discriminations et servent à légitimer, dans leur finalité, l'inégalité entre sexes. Ils légitiment les injonctions faites aux femmes de se comporter selon les normes établies (coutumières, cultuelles, religieuses, etc.).

Les stéréotypes de sexe se présentent comme des outils de conditionnement d'un système de domination complexe, « *((...) les stéréotypes de sexe servent le sexisme : il n'y aurait pas de stéréotypes de sexe sans sexisme, de même qu'il n'y aurait pas de stéréotypes de race sans racisme.* ». Ils se présentent alors comme les chevilles ouvrières d'un système de domination des hommes sur les femmes qui mènent aux inégalités[77]. Ils constituent de ce fait un vecteur d'un système structurellement inégalitaire.

Les effets néfastes des stéréotypes se vérifient aussi bien dans le cadre général d'expression et de revendication des droits que sur la capacité d'exercice et de jouissance des droits par les femmes.

Paragraphe 1 : Un cadre général d'expression et de revendication de droits affecté

Au Burkina Faso, l'analyse de la situation générale des femmes révèle que malgré les efforts déployés ces dernières années, des inégalités subsistent entre les sexes et en défaveur des femmes dans les différents secteurs de la vie. Ainsi, l'indice d'inégalité de genre était de 0,621 en 2021 selon le PNUD. Cette situation reflète aisément les constructions sociales et culturelles discriminatoires envers les femmes. Les stéréotypes ont des conséquences énormes sur la perception des hommes et des femmes de la réalité, toute chose qui influe fortement leur représentation de la société, des rapports entre les sexes. Les femmes, ayant elles-mêmes intériorisé ce système de représentation, contribuent à la perpétuation des stéréotypes.

Dans le cadre général d'expression des droits, les effets des stéréotypes se ressentent à divers niveaux.

Dans le milieu éducatif, les stéréotypes ont une incidence en termes de confiance en soi en défaveur des filles. Les élèves finissent par développer une catégorisation sexuée d'eux-mêmes, des disciplines ou des professions. Ainsi, les filles finissent par accepter que tout ce qui requiert un effort physique ou touche à la science est fait pour les garçons et qu'elles ne peuvent donc entrer en compétition avec ceux-ci. Ces stéréotypes de la femme faible, de la femme moins intelligente, du sexe inférieur finissent par prendre le dessus. Les filles s'écartent des sciences, de la technologie et des longues études pour s'intéresser au social qui correspond le mieux au rôle social assigné à la femme. Ces représentations stéréotypées sont finalement intériorisées par les élèves comme faisant partie intégrante de leur identité sexuelle. Cette situation renforce et alimente la représentation des sexes dans la société avec comme conséquence directe, de moindres progressions intellectuelles, une moindre confiance en leurs possibilités et de manière plus générale une moindre estime de soi.

En amont, relativement à l'accès à l'école, le stéréotype de la femme étrangère et celui de la femme intellectuelle insoumise ou aux mœurs légères freinent l'accès des filles malgré les nombreuses initiatives en faveur de l'éducation des filles. En effet, sur une population de filles supérieure à celle des garçons, l'effectif des filles demeure inférieur à celui des garçons en première année. L'étude menée par l'INSD et portant sur la période allant de 2008 à 2018, conforte cette réalité. Le Taux Brut d'admission au CP1 des garçons est demeuré supérieur à celui des filles, malgré la hausse qu'a connu l'effectif total[78]. Aussi, selon résultats de l'enquête menée en 2006 sur les travaux des enfants au Burkina Faso par l'INSD, 79, 5 des filles Une enquête réalisée par le ministère en charge de l'Éducation Nationale en 2005 révèle que 88% des filles interrogées doivent réaliser les travaux ménagers les jours de classe contre 32% de garçons[79]. Cette charge domestique, lorsqu'elle est disproportionnée, peut constituer un obstacle à leur performance.

Dans les relations entre conjoints, si la sphère familiale constitue le premier lieu d'apprentissage et de participation au processus de prise de décision, la situation tarde à évoluer dans le sens du respect de la législation régissant la vie de couple et de façon particulière du respect des droits des femmes. Celles-ci peinent à occuper la place qui leur revient de droit. Le rapport sur le développement mondial de 2012 révèle une faible participation des femmes, au Burkina Faso, à la prise de décisions au sein des ménages, incluant les décisions les concernant à titre personnel. De même, les données des enquêtes démographiques et de santé (EDS) confortent cette réalité en établissant que peu de femmes prennent part aux décisions importantes dans les ménages. Suivant les conclusions du rapport EDS de 2021, les décisions concernant les soins de santé de la femme, les achats importants pour le ménage et les visite de la famille à sa famille ou à ses parents sont prises, dans la majorité des cas, par l'homme. Dans seulement 13% des cas, la femme décide seule pour ses propres soins de santé et dans 5% des cas pour les achats importants du ménage. Selon les entretiens qualitatifs menés, pour entreprendre quoi que ce soit, la majorité des femmes doit nécessairement consulter le partenaire alors qu'à l'inverse l'homme demeure libre de faire ce qu'il veut, nonobstant les prescriptions régissant les relations matrimoniales. Les conseils reçus par une femme de ses aînées à l'occasion de son mariage, à savoir : « *Tu dois obéir à ton mari et à ta belle famille. Tu ne dois pas le critiquer. L'homme a toujours raison. Tu dois te taire quand il parle (...) Tu dois manifester un respect total à ton mari.* »,[80] résume bien cette situation constituant un obstacle significatif à la promotion de la femme à tous les niveaux de vie. Cette réalité est soutenue, confortée, légitimée par le stéréotype de la femme soumise, inférieure à l'homme et propriété de son mari.

Pourtant, la participation à la prise de décisions au sein du ménage est assez révélatrice des rapports de genre dans une société. En effet, la capacité à prendre part aux décisions est un élément essentiel pour l'autonomisation des femmes. Cette participation leur permet d'exercer leurs droits en tant que citoyennes égales aux hommes, dans la vie politique et publique ; d'exprimer leurs besoins et leurs intérêts ; au-delà du cadre familial, d'influencer les politiques publiques et les programmes en apportant leurs perspectives et leurs contributions spécifiques ; de renforcer la démocratie, la paix, le développement durable et la justice sociale, en participant à la résolution des conflits, à la promotion et à la défense des droits humains ; d'accroître leur confiance, leur autonomie économique, leur accès à l'éducation, à la santé, à la sécurité et à la justice.

Relativement à la participation des femmes dans le processus de prise de décision au niveau institutionnel et dans les différentes structures de pouvoir, il faudrait rappeler que de nombreux traités et accords internationaux la consacrent[81]. Cela s'explique par le fait que cette participation contribue considérablement à l'épanouissement de la femme. C'est pourquoi la recommandation générale n°23 (1997) du Comité CEDEF qui aborde la participation des femmes au processus de prise de décision est la recommandation souligne l'importance d'assurer aux femmes une participation égale et effective à la vie politique et publique, conformément à l'article 7 de la Convention CEDEF. Il recommande aux États de prendre des mesures pour assurer aux femmes, sur un pied d'égalité avec les hommes, le droit de participer à la formulation des politiques gouvernementales et à l'exécution de celles-ci, et de tenir des postes publics à tous les niveaux du gouvernement. Il rappelle que « *La participation pleine et égale des femmes à la vie politique et publique est essentielle non seulement pour renforcer la démocratie mais aussi parce qu'elle apporte une contribution indispensable à l'élaboration et à l'exécution des politiques qui affectent toutes les sphères de la vie. La participation active des femmes, sur un pied d'égalité avec les hommes, à tous les niveaux du processus décisionnel est indispensable pour atteindre les objectifs d'égalité, de développement et de paix.* ».

Dans les états-majors des partis politiques, la réalité des stéréotypes se manifeste par le fait que les femmes occupent, en général, des postes subalternes. Lorsqu'elles occupent des postes ministériels, ce sont le plus souvent des ministères considérés comme étant le prolongement naturel de leur rôle social. Il s'agit principalement des ministères tels que celui de l'action sociale, de la promotion de la femme, etc. Même qu'à ce niveau, des témoignages recueillis sous le régime d'un ancien Président du Faso (1987 à 2014), il est ressorti que plusieurs femmes nommées Ministres ou Ambassadrices ont précisé que le Président de la République avait personnellement informé leur mari avant de confirmer leur nomination. Ainsi, un des conjoints déclarait, au sujet de la nomination de son épouse en qualité de Ministre, : « *Je pense que, pour une femme mariée, c'est normal qu'on informe son mari avant de la nommer. C'est une question de bon sens. La preuve est que vous venez de dire Zaksoba (chef de famille) (parlant de lui)* »[82]. Il est donc clair qu'une telle approche manifeste le stéréotype de l'infériorité de la femme et ses corollaires. Elle présente, aussi au grand jour, une des lourdes contraintes conjugales qui pèsent encore sur la participation politique de la femme. Comme l'a si bien dit ROUAMBA et DESCARRIES, dans leur ouvrage sur les femmes dans le pouvoir exécutif au Burkina Faso : « *Aviser l'homme de la nomination de son épouse, c'est lui reconnaître un droit et un rôle de décision par rapport à son épouse... A contrario, point n'est besoin d'informer une femme de la nomination de son époux à tel ou tel poste.* ».

Toujours sur le plan politique, ces stéréotypes, ancrés dans les consciences, se traduisent par le manque de confiance des femmes en elles-mêmes et aux autres femmes qui se battent dans l'arène politique. A cela s'ajoute le manque de confiance des hommes aux compétences politiques et intellectuelles des femmes.

Les stéréotypes renforcent quotidiennement le désir de relégation de la femme au second rang. Ainsi, au niveau de l'animation de la vie publique, bien que des progrès aient été réalisés et les engagements pris par les différents chefs d'État, les femmes sont peu représentées au parlement et au sein du gouvernement. Sur les perspectives relatives à la loi sur le quota genre, dans l'interview accordée au média Burkina24 [83], la Députée Kadidia ZONGO expliquait « *Nous connaissons très bien nos partis politiques. Nous connaissons les pratiques. Les partis politiques vont présenter des têtes de liste de femmes dans les localités où ils sont sûrs qu'ils ne vont pas avoir d'élu. Ils vont faire en sorte que là où ils sont sûr qu'ils vont avoir des élus, ils vont mettre des hommes comme têtes de liste et même si la suppléante est une femme. Au finish, ils vont présenter le visage d'un parti politique qui a respecté la loi et ils vont bénéficier d'un financement de 20%* ».

Relativement aux violences faites aux femmes, il est aisé de soutenir qu'elles sont aussi légitimées par des stéréotypes de sexe, les violences trouvant leur source dans la domination et l'infériorisation des femmes. Ainsi, les stéréotypes, en tant qu'outils de la légitimation de la hiérarchie, légitiment de ce fait les discriminations et les violences. Étant liés intimement aux inégalités qui structurent les rapports de sexe, l'impact réel des stéréotypes sur la vie des femmes doit être compris dans toute leur gravité et selon une perspective globale. Ainsi, le mariage forcé et précoce, le viol, l'esclavage sexuel, les sévices physiques et sexuels, les violences morales, psychologiques, patrimoniales et économiques sont confortés et légitimés par les stéréotypes puisque dérivant des constructions sociales sur le masculin et le féminin.

Aussi, relativement à l'efficacité du système de répression des violences à l'égard des femmes, il faut dire que les acteur-trice-s intervenant dans l'élaboration des textes, dans la poursuite et la répression des violations se trouvent, eux-mêmes, imprégnés par les constructions sociales, les stéréotypes véhiculées dans la société dont ils sont membres à part entière. Cette situation peut expliquer, en partie, que des lois touchant des domaines spécifiques tardent à être adoptées et que la poursuite systématique et la répression efficace et dissuasive de cas de violences ne soient pas toujours acquises. En effet, chaque acteur-trice judiciaire et extrajudiciaire vivant dans un environnement, dans une communauté, intériorise de façon insoupçonnée des idées qui peuvent influencer son jugement, sa perception des valeurs. Pourtant, rechercher l'égalité et la non-discrimination dans l'application des textes est capital pour l'effectivité des droits des femmes.

Dans les relations sociales en général, aussi bien en milieu rural que dans les rapports entre citadins ayant bénéficié d'une certaine instruction, les stéréotypes ont la peau dure et y sont véhiculés. Les propos recueillis par Bilampoa Gnoumou THIOMBIANO résument la mentalité forgée de stéréotypes qui se matérialise dans les rapports entre sexes. En effet, s'étant entretenu avec un homme de 53 ans, ayant un niveau d'instruction supérieur et vivant dans les milieux urbains favorisés de la capitale, il entendait : « *Je repousserai certaines notions jusqu'à la fin de ma vie, telles que l'égalité entre l'homme et la femme, la laïcité, la démocratie, car ce sont des notions qu'on n'applique pas réellement. Pour moi, l'égalité entre l'homme et la femme n'a pas de sens. Les parents avaient raison, car il n'est pas possible que l'homme et la femme soient égaux. C'est que mes parents se sont basés sur des lois empiriques, moi je suis tout à fait d'accord avec eux. J'ai même remarqué chez moi à la maison lorsqu'un problème est posé, la réaction de mes filles et celle de mes garçons ne sont pas les mêmes malgré leur niveau intellectuel élevé.* ».[84] Par ailleurs, l'étude Nationale prospective « Burkina 2025 » indique que 43% de l'opinion publique burkinabè considère que le principal rôle de la femme est de « faire la causerie » et le secondest d'éduquer les enfants. Dans l'ensemble, le rôle des femmes, selon cette étude, est perçu aux yeux des citoyens comme se réduisant à assurer les tâches liées à la reproduction et au maintien de la cohésion et de l'harmonie sociale et familiale.

Dans les milieux de travail d'une façon générale, les mêmes stéréotypes y sont transportés. Cela se traduit le plus fréquemment, mais insidieusement, par des remarques désobligeantes sur les femmes. La législation leur accorde les mêmes droits, mais la réalité est que les femmes et les hommes salari.é.e.s ne disposent pas des mêmes armes, ni des mêmes atouts en raison du fait qu'ils n'ont pas été socialisés de la même manière, n'ont pas appris la même chose. Pendant que l'un a appris à diriger, à occuper l'espace, l'autre a appris la soumission, la résignation, les « vertus » du silence. Chaque groupe a assez intégré ce que doit être socialement un homme et une femme. D'où il résulte souvent le rejet, l'exclusion, la perte de l'estime de soi des femmes et la sous-estimation par les hommes.

Paragraphe 2 : Une capacité d'exercice et de jouissance des droits par les femmes en questionnement

Dans la réalité, les stéréotypes ne sont pas seulement appliqués à des groupes de personnes, ils sont surtout intériorisés par les femmes qui en sont les premières victimes. Cette situation a des conséquences néfastes sur leurs performances, leur estime de soi et surtout leur aptitude à jouir et à revendiquer le bénéfice de leurs droits. Les stéréotypes finissent par avoir raison de leur perception réelle des valeurs. Ainsi, finissent-t-elles par intégrer que les hommes sont plus compétents, plus intelligents et supérieurs aux femmes. Cette perception a un impact direct sur les performances des femmes, surtout lorsqu'elles se trouvent en situation de concurrence avec le sexe opposé.

Le fait pour les femmes d'appartenir à un groupe stéréotypé les conduits à adopter des comportements qui peuvent réduire leurs performances au moment où précisément elles se trouvent dans une situation qui nécessite une affirmation de soi pour vaincre les stéréotypes. Paradoxalement, en ressentant la crainte de confirmer ce stéréotype, la menace dont il représente les conduira à adopter des comportements qui ne feraient que le confirmer. A ce sujet, MERTON, dans son ouvrage[85] selffulfilling prohecy parle de *« prophétie auto réalisatrice »*. Il explique que les comportements des individus dérivent de leur perception de la réalité et non pas de la réalité elle-même. Que : *« c'est, au début, une définition fausse de la situation qui provoque un comportement qui fait que cette définition initialement fausse devient vraie »*. Ainsi, ces stéréotypes finissent par provoquer chez leur cible des comportements conformes à ces mêmes stéréotypes. Cette logique est conforme au concept de *« menace du stéréotype »*[86] tel que développé en psychologie sociale. Ce concept s'attache à expliquer la diminution de la performance des individus lorsque ces derniers se sentent jugés au prisme d'un stéréotype négatif. Cela dit, la performance des femmes, d'une façon générale, est bien tributaire des représentations de leurs performances. La théorie de l'identité sociale [87] renforce cette dernière en révélant le lien entre le vécu de l'exclusion et l'atteinte de l'estime de soi. Selon cette théorie, l'appartenance à des groupes dévalorisés socialement conduit, par un processus de comparaison sociale, à une identité sociale négative et à une baisse de l'estime de soi, alors que l'appartenance à des groupes socialement plus valorisés, comme le groupe dominant, confère une identité sociale positive.

Par ailleurs, les femmes fortement affectées par ces stéréotypes ont fini par légitimer les violations de leurs droits fondamentaux au point où elles trouvent qu'il est normal de recevoir une *« correction »* du conjoint en cas de faute, et mieux, comme le faisait ressortir Monique

ILBOUDO dans son ouvrage " *Le féminisme au Burkina Faso : mythes et réalités"* , «... *Il se trouve même des femmes pour apporter de l'eau à ce moulin antiféministe : « Les femmes sont faites pour souffrir, c'est la vie...On n'y peut rien... » Soupirent-elles, fatalistes. (...) et elles ne sont pas loin de penser comme Pythagore, « qu'il y a un principe bon qui a créé l'ordre, la lumière et l'homme, et un principe mauvais, qui a créé le chaos, les ténèbres et la femme... » »*[88]. En 2006, une enquête réalisée par MICS[89] établit que 71,4% des femmes enquêtées trouvent qu'il est légitime qu'un mari batte sa femme lorsqu'elle sort sans l'informer, lorsqu'elle ne s'occupe pas bien des enfants, argumente avec lui, refuse les rapports sexuels ou brûle la nourriture. Cette proportion est de 59,3% en milieu urbain et de 76,3% en milieu rural. Même parmi les femmes célibataires, 60,8% estiment que le mari peut battre sa femme pour l'une ou l'autre des raisons invoquées. Cette proportion est plus élevée chez les femmes en union, soit 74,3%.[90] Selon les données des enquêtes démographiques et de santé (EDS), en 2021, 44% des femmes enquêtées continue de trouver cela légitime.

Ainsi, les femmes ont tendance, le plus souvent et en connaissance de cause, à renoncer à l'avantage que les différents instruments juridiques leur accordent, se disant à la limite ne pas mériter les mêmes droits que l'homme en raison du statut d'infériorité intégré. D'où l'intérêt de prendre en compte ce qui a été appelé lors de la conférence-débat organisée le 8 mars 2008 par le Conseil supérieur du notariat de France[91] : « *l'autostéréotype* » qui renvoie à ce que le groupe pense de son groupe et qui mène au manque de confiance en soi et le « *Métastéréotype* » qui désigne ce qu'une catégorie pense que l'autre catégorie pense d'elle et ayant pour conséquence l'autocensure.

Cette dernière traduit aussi l'idée de « plafond de verre » qui désigne, en matière professionnelle, les obstacles que rencontre le groupe concerné pour accéder à des postes élevés dans la hiérarchie. Les femmes se convainquent soit qu'elles n'ont pas les compétences nécessaires pour le poste en cause, soit qu'elles n'ont pas envie d'occuper ledit poste.

En matière politique, les femmes se convainquent qu'elles ne veulent pas faire la politique. Ainsi, elles ne sont pas promptes à postuler des postes politiques, à batailler dans les arènes politiques pour ne pas voir ternir leur image de « *femme respectueuse des normes sociales* », pour ne pas voir leur réputation entachée par les stéréotypes de la « *femme intellectuelle légère* », de la « *femme intellectuelle insoumise* », puisque la société s'attend à ce qu'elles montrent moins d'ambition ; qu'elles défient moins la gent masculine. Elles finissent par accepter être plutôt bonnes pour les fonctions d'adjointe, d'assistante, préférant être celles qui préparent le terrain pour les dirigeants, les décideurs à l'image de celles qui accomplissent les tâches ménagères pour le chef de famille.

Cette idée révèle l'une des raisons pour lesquelles les femmes doutent toujours de leur légitimité à occuper certains postes ou fonctions. Comme il est ressorti d'un rapport de la Commission européenne en 2008 mieux préciser, « *Les stéréotypes constituent des barrières à la réalisation des choix individuels tant des hommes que des femmes. Ils contribuent à la persistance des inégalités en influant sur les choix des filières d'éducation, de formation ou d'emploi, sur la participation aux tâches domestiques et familiales et sur la représentation aux postes décisionnels. Ils peuvent également affecter la valorisation du travail de chacun* ».

Les stéréotypes de sexe tendent à déprécier le rôle de la femme au point que l'admonestation : « *cela n'est pas digne d'une femme* » ne suscite guère d'indignation. Pareillement, qualifier un garçon de « fille » est souvent interprété comme une injure, tandis que l'opposé est perçu comme élogieux. Ces perceptions sont tellement ancrées dans les mentalités qu'elles échappent à toute critique et remise en question.

CHAPITRE 2 :

Des moyens propres à surmonter les stéréotypes de sexe

L'examen attentif de la réalité sociétale révèle que les inégalités et disparités sont fondées en grande partie sur les stéréotypes dont il est nécessaire de déconstruire, de combattre. Il serait donc utile de renforcer les garanties juridiques et juridictionnelles et d'adopter des politiques visant à lutter contre les stéréotypes.

Section 1 : Le renforcement des garanties juridiques

Le droit et l'institution judiciaire d'une façon générale peuvent jouer un important rôle dans la lutte contre les stéréotypes au Burkina Faso à travers notamment l'élimination des dispositions discriminatoires, le renforcement des acquis et l'opérationnalisation des mécanismes de prise en charge des victimes de violence.

Paragraphe 1 : Des discriminations à bannir

Pour une plus grande efficacité dans la protection des droits des femmes, la révision des textes pourrait être utile pour une prise en compte effective du principe d'égalité et de non-discrimination. En effet, une modification des dispositions portant atteinte aux principes sus évoqués sera de nature à renforcer le cadre normatif existant. Cette idée inclue les dispositions qui, du fait de leur imprécision ou de leurs effets, se révèlent discriminatoire à l'égard des femmes. En protégeant mieux les droits de femmes, on réduit du même coup les chances de survie des stéréotypes.

Par ailleurs, la prise en compte effective de ces prescriptions dans l'ordonnancement juridique s'avère importante pour venir à bout des stéréotypes dans la mesure où ceux-ci y sont abordés. Il s'agit, entre autres, des articles 5 a) et 10 c) de la CEDEF qui prévoit l'obligation pour les États de prendre des mesures en vue de l'élimination des stéréotypes à tous les niveaux.

En outre, pour lutter efficacement contre les stéréotypes, l'adoption de document spécifiques qui serviraient de référentiels pour les différents acteur-trice-s dans les domaines les plus récurrents de diffusion des stéréotypes serait d'un apport significatif pour résorber leurs effets néfastes. Il pourra s'agir de Guides Pratiques, de Manuels de Procédures, de boîtes à outils[92], etc. L'adoption et la vulgarisation desdits textes permettront aux acteur-trice-s concernés de dépouiller, autant que possible, leurs démarches de considérations stéréotypées.

Enfin, il serait avantageux de légiférer précisément pour réprimer les stéréotypes véhiculés par des acteur-trice-s qui auraient une intention manifeste d'imposer ou d'obtenir un avantage discriminatoire à l'égard de la femme notamment en prévoyant des dispositions non-équivoques qui interdisent et répriment les stéréotypes de sexe ou en réaménageant le dispositif répressif existant pour en tenir compte.

Paragraphe 2 : De l'opérationnalisation et de l'optimisation des mécanismes de protection et de répression des violences

La loi 061/AN du 06 septembre 2005 portant prévention, répression et réparations des violences faites aux femmes et aux filles et prise en charge des victimes prévoyait des procédures civiles et pénales spéciales afin d'assurer le respect et la protection effective des droits fondamentaux de la femme et de la fille. Il s'agit notamment de procédures spéciales d'enquête, de poursuite, d'instruction, de jugement et de prise en charge immédiate des victimes. Il a aussi été prévu la création d'un fonds d'appui au profit des victimes, l'institution de chambres spéciales d'instruction et de jugement ainsi que la création au sein de chaque commune de centres d'accueil pour les victimes. Cependant jusqu'à présent, ces mécanismes ne sont pas mis en place et pire, certains d'entre eux ont d'ailleurs été purement et simplement supprimés[93]. Pourtant, leur présence aurait contribué fortement à conforter les victimes et aurait constitué des garanties d'effectivité pour les victimes qui voudraient revendiquer leurs droits. En effet, en raison de la crainte que ressentent certaines victimes vis-à-vis des procédures judiciaires, du manque de confiance en elles-mêmes, de la précarité dans laquelle elles se trouvent, l'existence et/ou l'effectivité de ces mécanismes leur assurerait une protection, un suivi, un accompagnement, une prise en charge financière et mieux, un hébergement pour les cas extrêmes.

Aussi, les enjeux de la répression des violations des droits des femmes place les acteur-trice-s judiciaires au centre des mécanismes de réponse. Cette réalité, conforme aux exigences de l'état de droit qui fait des détenteurs du pouvoir judiciaire les gardiens des libertés, amène ceux-ci à rechercher et identifier les règles pertinentes applicables aux faits rapportés. Toutefois, il est nécessaire que ces acteur-trice-s soient conséquemment outillés. Les acteur-trice-s de la chaîne judiciaire notamment le personnel de la police judiciaire, le personnel et les auxiliaires de justice y compris les magistrats, ne vivant pas en marge de la société, sont eux-mêmes imprégnés de stéréotypes quel que soit leur niveau d'instruction. Ceux-ci arrivent tant bien que mal à écarter ou à surmonter ces stéréotypes en raison des impératifs liés à leur profession. Ce qui est à déplorer, c'est que la grande majorité desdits acteur-trice-s ne bénéficie d'aucune formation initiale et/ou continues sur les concepts de genre ou les droits des femmes malgré l'intérêt que représente pour eux la maîtrise desdits. Il est donc important que ces acteur-trice-s soient outillés, formés, sensibilisés ; qu'ils soient amenés à comprendre les fondements, l'intérêt de la protection et du respect des droits des femmes. Ainsi, les outiller sur les instruments juridiques consacrant les droits de femmes, les concepts d'égalité femmes-hommes, de non-discrimination et leur implication serait d'un apport considérable. De ce fait, insérer des modules spécifiques aux droits des femmes dans les différents curricula de formation initiale et continue des acteur-trice-s judiciaires et extrajudiciaires contribuerait à lutter contre les stéréotypes.

Par ailleurs, pour s'assurer de l'effectivité des poursuites par les acteur-trice-s du ministère public qui peuvent aussi être portés sur de considérations stéréotypées, il serait envisageable de fonder l'appréciation de l'opportunité des poursuites reconnues aux magistrats du parquet sur des éléments déterminés et précis, lorsqu'il est porté à leur connaissance les cas de violation des droits des femmes. Dans le meilleur des cas, il serait pertinent de consacrer expressément et assurer l'application rigoureuse du principe de la légalité des poursuites, en lieu et place, de celui de l'opportunité, pour tout cas de violation des droits relevés. Cela aurait pour effet d'éviter que, sous le couvert de l'opportunité des poursuites, de nombreuses violations graves des droits de la femme passent sous le silence du classement sans suite. En effet, l'efficacité dans la poursuite et la sanction des cas de violation des droits des femmes contribuent nécessairement à lutter contre ces violations alors que la non-poursuite, l'impunité, l'administration de peines « légères » pour des cas graves ne sont pas des facteurs qui encouragent la revendication par les femmes de leurs droits. Pourtant à travers la recommandation générale no 35 (2017) sur la violence à l'égard des femmes, les Comité-CEDEF invite les États parties à adopter : [...] b) *« des mesures législatives et autres mesures appropriées pour prévenir, enquêter, poursuivre et punir les actes de violence à l'égard des femmes, qu'ils soient commis par des agents de l'État ou par des acteurs non étatiques, et veillent à ce que les auteurs de ces actes soient traduits en justice et sanctionnés comme il se doit, et à ce que les victimes aient accès à des recours effectifs, notamment à une réparation adéquate et proportionnée ; [...] »* ;

Section 2 : La nécessaire redéfinition des politiques

Les politiques et les programmes contribuent de manière significative à l'application des normes régissant la promotion et la protection des droits des femmes. Dans l'intérêt d'une meilleure lutte contre les stéréotypes, l'instauration de politiques et programmes axés sur la déconstruction des stéréotypes et la création d'un groupe de travail chargé des questions en rapports avec les stéréotypes seraient d'un grand apport.

Paragraphe 1 : La priorisation de la déconstruction des stéréotypes

Au niveau central, des politiques et programmes axés de façon spécifique sur la déconstruction des stéréotypes sont à envisager. En effet, l'objectif de déconstruction de certains stéréotypes peut être recherché à travers des politiques qui tendraient à renforcer les programmes de sensibilisation sur les questions d'égalité entre les femmes et les hommes en mettant un accent particulier sur les stéréotypes.

Par ailleurs, l'État burkinabè pourrait renforcer davantage sa politique de budgétisation sensible à l'égalité femmes-hommes. Il s'agira, de façon concrète, de subordonner tous les financements accordés aux différents acteur-trice-s de la société au respect de l'égalité femmes-hommes et à l'adoption de politiques et/ou stratégies défavorables aux stéréotypes de sexe.

De même, des actions pourraient être menées à travers des politiques ou en élaborant des programmes spécifiques applicables aux principaux domaines de diffusion des stéréotypes afin d'éviter certaines dérives. Il s'agira, en sus, d'outiller et de fixer des obligations de résultat aux structures les plus touchées.

En outre, la connaissance des droits des femmes et de l'impact des stéréotypes néfastes au plein épanouissement des femmes par les différents acteur-trice-s des secteurs public et privé est essentielle pour l'atteinte de l'effectivité desdits droits. Ainsi, cet objectif pourrait être atteint à travers l'insertion de modules spécifiques aux concepts de genre, aux droits des femmes partant à la lutte contre les stéréotypes dans les curricula de formation de tous les acteur-trice-s (publics et privés). Cela, en mettant un accent particulier sur les acteur-trice-s du domaine éducatif, des médias et ceux du domaine institutionnel.

Pour ce qui concerne de façon spécifique le domaine de l'éducation formelle, il serait utile d'adopter des stratégies tendant à intégrer la question de l'égalité femmes-hommes, des droits des femmes dans les curricula de formation initiale et continue des acteur.trice.s. Par ailleurs, relativement aux manuels de formation dans le système d'éducation formelle et non formelle, pédagogique ou andragogique, il s'avère nécessaire d'y soustraire les stéréotypes de sexe. Aussi, suivant leur niveau de compréhension, il serait bénéfique de prévoir pour les apprenants des modules sur la socialisation fondée sur les valeurs des droits humains en général et des droits de la femme en particulier en mettant un accent particulier sur la déconstruction des stéréotypes.

De façon spécifique et pour les plus jeunes, il serait utile de développer une éducation à l'égalité entre les femmes et les hommes dès le bas-âge, en intégrant une perspective de genre dans les programmes scolaires, les manuels, les méthodes pédagogiques et la formation des enseignant-e-s. Aussi, encourager la diversification des choix d'orientation et de carrière des filles et des garçons, en luttant contre les stéréotypes qui limitent leurs aspirations et leurs opportunités dans certains domaines d'étude ou d'activité. Il est nécessaire aussi de Mener des campagnes de communication et d'information visant à déconstruire les stéréotypes de genre et à valoriser la diversité des parcours de vie des femmes et des hommes auprès des plus jeunes.

Ces moyens juridiques et politiques doivent être mis en œuvre de manière coordonnée, transversale et participative, en impliquant tous les niveaux de gouvernance, tous les secteurs d'intervention et toutes les parties prenantes concernées. Ils doivent également être accompagnés d'un suivi, d'une évaluation et d'une allocation budgétaire adéquats.

Paragraphe 2 : La constitution de groupe de travail sur les stéréotypes de sexe

A travers la création d'un groupe de travail en charge, de façon spécifique, des questions de stéréotype de sexe, un regard permanent serait placé sur la cause. Un tel groupe de travail, réunissant de façon transversale des acteurs intervenant à divers niveaux, pourrait jouer le rôle de suivi et de veille dans tous les domaines de la vie afin d'assurer une déconstruction progressive des stéréotypes de sexe.

Par ailleurs, ce groupe de travail, étant focalisé sur les stéréotypes de sexe, pourrait, en fonction des différentes situations, proposer des mesures appropriées aux décideurs pour en venir à bout. En outre, le groupe pourrait régulièrement interpeller ou faire des recommandations aux divers acteurs relativement aux stéréotypes décelés dans leurs structures ou à travers leurs actions. De plus, ce groupe serait en mesure de dénoncer auprès des instances compétentes des situations discriminatoires fondées sur ces stéréotypes.

CONCLUSION

L'analyse de l'effectivité des droits des femmes au Burkina Faso face aux stéréotypes a permis de percevoir que l'essentiel des instruments juridiques internationaux et régionaux tendant à la promotion et la protection des droits des femmes ont été ratifiés par le Burkina Faso.

La prise en compte des normes qui s'y trouvent dans l'ordonnancement juridique s'impose donc à l'État. Il en va de même des recommandations faites à l'État à travers les différents mécanismes mis en place au niveau international dont la Commission des droits de l'homme, le Comité pour l'élimination de toutes les formes de violences faites aux femmes et la Commission africaine des droits de l'homme et des peuples.

Par ailleurs, ces dernières décennies, l'État burkinabè a procédé à de nombreuses réformes d'ordre législatif pour une meilleure prise en compte des principes d'égalité et de non-discrimination. C'est dans cette dynamique que dès 1990, le Code des personnes et de la famille consacrait le principe d'égalité entre époux et la suppression de la notion de chef de famille. De nouveaux textes de loi ont aussi été adoptés pour renforcer et garantir la protection des droits des femmes dans tous les domaines. C'est suivant cet objectif qu'a été adoptée en 2015, la loi portant prévention, répression et réparation des violences faites aux femmes et aux filles et prise en charge des victimes. Il en est de même en matière politique et en vue d'assurer la présence effective des femmes dans les différentes instances de prise de décision qu'a été adoptée la loi sur les quotas aux élections législatives et municipales en 2009 et reprise en 2020.

De plus, au cours de ces dernières décennies, de nombreuses institutions ont été créées au niveau étatique pour porter l'engagement du gouvernement pour la promotion et la protection des droits des femmes. C'est dans cette vision que le Conseil national pour la promotion du genre (CONAP/G) et d'autres institutions spécifiques telles que le Conseil national de lutte contre la pratique de l'excision (CNLPE) ont vu le jour.

En outre, de multiples politiques et stratégies ont été adoptées et mises en œuvre en vue de la promotion des droits des femmes. L'adoption, pour ces dernières années, de la Stratégie Nationale Genre a été adoptée pour couvrir la période 2021-2025 s'inscrit dans cette logique. Il en est de même des politiques sectorielles et celles spécifiques aux domaines les plus problématiques.

Il est à comptabiliser aussi l'apport majeur des différentes associations et ONG qui mènent sur le terrain d'importantes actions en vue de l'effectivité des droits des femmes. Il en est de même des partenaires techniques et financiers qui accompagnent et soutiennent aussi bien les acteurs étatiques que non étatiques.

Il est donc aisé, au regard de ces éléments, d'affirmer que le cadre général de protection des droits des femmes au Burkina Faso est favorable à la réalisation desdits droits. L'analyse de l'état des lieux laisse constater que des avancées significatives ont été obtenues dans divers domaines en termes de respect, de promotion et de protection des droits des femmes. C'est ainsi que grâce aux programmes d'autonomisation des femmes, plusieurs d'entre elles ont pu avoir accès à des crédits et moyens de production, toutes choses qui leur a permis de se doter de quelques revenus.

Il demeure cependant des insuffisances au regard des atteintes aux principes d'égalité et de non-discrimination observées dans certains textes, des vides juridiques et de la non-effectivité de certaines mesures imposées aux États par les différentes conventions internationales. Il subsiste aussi des disparités, surtout celles liées à la faible représentativité des femmes dans les différentes instances de prise de décision. Les femmes, représentant environ 52% de la population, sont minoritaires dans quasiment tous les secteurs d'activité et la persistance des pratiques socio-culturelles néfastes dans les rapports humains freine l'avancée vers l'effectivité des droits des femmes.

Tenant compte de cette réalité, il ne peut être affirmé que les droits des femmes sont effectifs au Burkina Faso.

L'analyse a révélé que les stéréotypes de sexe soutiennent et légitiment des pratiques traditionnelles néfastes de sorte à entraver les divers moyens mis en œuvre pour les combattre. Ces stéréotypes sont véhiculés à travers divers canaux et ne laissent pratiquement aucun domaine de la vie quoique leur impact soit plus important dans le milieu familial, éducatif, des médias et dans le cadre institutionnel.

Ils affectent les rapports sociaux entre femmes et hommes en assignant chacun à un rôle prédéfini. Ils rendent difficile le passage vers l'effectivité des droits des femmes d'autant qu'ils affectent la perception que les hommes ont des femmes, de celle que les femmes ont d'elles-mêmes et des autres femmes. Conduisant à l'exclusion, à la persistance des rôles et pratiques traditionnellement établis, instaurer l'égalité femmes-hommes et pratiquer la non-discrimination n'est pas comprise au sein de la couche sociale. Entrainant la perte de l'estime de soi, la légitimation des violations, les femmes se résignent et ne sont pas promptes à revendiquer leurs droits.

De là, il peut être affirmé que des causes de l'ineffectivité des droits des femmes au Burkina Faso, les stéréotypes de sexe occupent une place non négligeable. Ils entravent la réalisation des droits des femmes à tous les niveaux de la vie sociétale.

Toutefois, un meilleur respect des normes internationales et régionales, le renforcement des acquis et une meilleure mise en œuvre du dispositif juridique existant contribueront à la déconstruction des stéréotypes. Il en va de même en ce qui concerne la redéfinition des politiques et programmes en les axant davantage sur la déconstruction des stéréotypes de sexe.

BIBLIOGRAPHIE GENERALE

DOCUMENTS OFFICIELS

Internationaux

- Charte des Nations unies du 26 juin 1945.

- Charte africaine des droits de l'homme et des peuples du 27 juin 1981.

- Convention sur l'élimination de toutes les formes de discrimination à l'égard des femmes (CEDEF) du 18 décembre 1979.

- Déclaration universelle des droits de l'homme du 10 décembre 1948.

- Pacte international relatif aux droits civils et politiques du 16 décembre 1966.

- Pacte international relatif aux droits économiques, sociaux et culturels du 16 décembre 1966.

- Protocole à la Charte africaine des droits de l'Homme et des Peuples relatif aux de la femme Afrique du 11 juillet 2003.

Nationaux

- Constitution du Burkina Faso adoptée par référendum le 02 juin 1991.

- Loi n°005-2015/CNT du 07 avril 2015 portant code électoral au Burkina Faso.

- Loi n°010-2009/AN du 16 avril 2009 portant fixation de quotas aux élections législatives et aux élections municipales au Burkina Faso.

- Loi n°025-2018/AN du 31 mai 2018 portant code pénal au Burkina Faso.

- Loi n°028-2008 du 13 mai 2008 portant code du travail au Burkina Faso.

- Loi n°034-2009 portant régime foncier rural au Burkina Faso.

- Loi n°034-2012 portant réorganisation agraire et foncière du Burkina Faso.

- Loi n°055-2004 portant code général des collectivités territoriales au Burkina Faso.

- Loi n°081-2015/CNT du 24 novembre 2015 portant statut général de la Fonction publique d'État.

- Zatu AN VII 0013/FP/PRES du 16 novembre 1989 portant institution et application d'un code des personnes et de la famille au Burkina Faso.

Étrangers

- Code pénal français.

OUVRAGES

Généraux

- Bureau d'études Femina, *Recensement de stéréotypes positifs et négatifs sur la femme burkinabè,* ministère de la promotion de la femme, s.d.

- Enquête multisectorielle continue (EMC), *profil de pauvreté et d'inégalités,* Institut national de la statistique et de la démographie, 2014.

- Groupe de travail sur les violences faites aux femmes (RIAFEG), Étude de base du programme conjoint « Violences à l'égard des femmes au Burkina Faso », septembre 2008.

- Haut-Commissariat des droits de l'Homme des Nations unies, *Les droits des femmes sont des droits de l'homme,* 2014.

- Institut national de la statistique et de la démographie, *projections démographiques de 2007-2020*, 2009.

- Ministère de la promotion de la femme, *document de la politique nationale du genre"*, octobre 2009.

- OUOBA(R), TANI (M), TOURE (Z), Analyse stratégique sur les enjeux liés au genre au Burkina Faso, octobre 2003.

- Rapport d'évaluation pays, n°9, *Évaluation du Burkina Faso,* Mécanisme d'évaluation par les pairs (MAEP), mai 2008.

- Rapport n°2014-10-20-STER-013 relatif à la lutte contre les stéréotypes, publié le 20 octobre 2014 par le Haut Conseil à l'égalité entre les hommes et les femmes (République française).

Spécifiques

- Andrew (C), Law Society of British Columbia, 1989.

- Aristote, *politique,* Paris, Les belles lettres, coll. "Budé", t.2, livre III.

- Badini-Folane (D), Femmes en politique au Burkina Faso de 1983 à 1977, in Athanor n°9, Ravenna, longo Eitditore, décembre 1998. - Beauvoir (S), *le deuxième sexe II*, 1986.

- Gakunzi (D), *"Oser inventer l'avenir" La parole de Sankara*, Pathfinder et L'Harmattan.1991.

- Gurvitch (G), *Traité de sociologie,* Paris, Presse universitaire de France, coll. " Bibliothèque de sociologie contemporaine," 1967.

- Merton, ''*Selffulfilling prohecy*", 1949.

- Miller-Bernal (L), « *Single-sex versus Coeducational Environments: A Comparison of Women Students' Experiences at Four Colleges* », American Journal of Educational, 1993.

- Ouango (J-G), *Le statut de la femme mossi du Burkina Faso,* Essai d'analyse psychanalytique et sociologique, 2011.

- Roth (C), *La séparation des sexes chez les Zara au Burkina Faso*, Paris, l'Harmattan, 1996.

DICTIONNAIRES ET LEXIQUES

- Dictionnaire de droit international public, Bruxelles, Bruylant.

ARTICLES

- Bouchard (P) et St-Amant (JC), "*Garçons et filles. Stéréotypes et réussite scolaire*", Revue Recherches féministes, vol. 10, n°1, 1997, pp. 168-170.

- Breton-Le Goff (G), "*Droit international des femmes*", Revue québécoise de Droit international, vol.21, n°1, 2008, pp.394-414.

- Duru-Bellat (M), "*Ce que la mixité fait aux élèves*", Revue de l'OFCE, vol.3, n°114, 2010, pp.197-212.

- Fillon (C), "*Les droits des femmes en tant que droits fondamentaux : perspectives québécoises*", Revue québécoise de droit international, vol. 11, n°2, 1998, pp.195203.

- Ghiulamila (J) et Levet (P), "*La mixité empêtrée dans les stéréotypes*", l'Expansion Management Review, vol. 2, n°121, 2006, pp.40-47.

- Gnoumou Thiombiano (B), " *Genre et prise de décision au sein du ménage au Burkina Faso*", Cahiers québécois de démographie, vol.43, n°2, 2014, pp. 249-278.

- Ilboudo (M), "*Le féminisme au Burkina Faso : mythes ou réalités*", Revue Recherches féministes, vol. 20, n°2, 2007, pp.163-177.

- Laloupe (B), "L'indispensable sensibilisation des acteurs aux mécanismes psychosociaux qui construisent les inégalités hommes/femmes", Revue Regards, vol.2, n°50, 2016, pp.181-190.

- Ordioni (N), "*Pauvreté et inégalités de droits en Afrique : Une perspective « genrée »*", Mondes en développement, vol. 1, n°129, 2005, pp.93-106.

- Rouamba (L) et Descarries (F) "*Les femmes dans le pouvoir exécutif au Burkina Faso (1957-2009)*", recherches féministes, vol.23, n°1, 2010, P.34.

- Sawadogo (S), "*Burkina Faso : Quelles avancées après la loi sur le quota en faveur des femmes aux élections ?*", Journal l'Économiste du Faso, 2017.

- Trajfel (H) and Turner (JC), "*The social identity theory of intergroup behavior*", In S. Worchel and W. Austin (Eds), Psychology of intergroup relations, 1986, pp.7-24. Chicago : Nelson-Hall.

MEMOIRE-THESE

- Sawadogo (P), *Thomas Sankara et la condition féminine : un discours révolutionnaire ?* Université de Ouagadougou, Mémoire de Maîtrise en sciences et techniques de l'information et de la communication, 1999.

- A. A. W. OUANDAOGO, « *La protection des civils contes les violences sexuelles en période de conflit armé en Afrique* », thèse de doctorat en droit public, Université de Rouan Normandie, 12 décembre 2016, 466 p.

SITES INTERNET

https://www.au.int
https://www.cairn.info
https://www.erudit.org
https://www.insd.bf
https://www.persee.fr
https://www.village-justice.com

[1] Gurvitch (G), *Traité de sociologie, Paris,* Presse universitaire de France, coll. "Bibliothèque de sociologie contemporaine", 1967, P.142.

[2] Beauvoir (S), *le deuxième sexe II,* 1986, P.1

[3] Aristote, *Éthique à Nicomaque,* Paris LIBRAIRIE PHILOSOPHIQUE J. VRIN, 1997.

[4] Andrew (C), *Law Society of British Columbia*, 1989.

[5] L'Armée par exemple

[6] Institut National de la Statistique et de la démographie.

[7] INSD, Enquête Harmonisée sur les conditions de vie des ménages de 2018, Burkina Faso, 2022.

[8] INSD, *Femmes et Hommes au Burkina Faso en 2020,* Burkina Faso, 2021.

[9] La Politique de Aristote, IVe siècle av. J.-C.

[10] Sawadogo (P), *Thomas Sankara et la condition féminine : un discours révolutionnaire ?* Université de Ouagadougou, Mémoire de Maîtrise en sciences et techniques de l'information et de la communication, 1999.

[11] Décrets Mandel, 1939.

[12] *"Haute Volta"* devenue *"Burkina Faso"*, le 04 août 1984.

[13] Comité Militaire pour le Redressement et le Progrès National dirigé par le Président Saye ZERBO (1980-1982).

[14] Président Jean-Baptiste OUEDRAOGO (1982-1983).

[15] Sawadogo (P), *Thomas Sankara et la condition féminine : un discours révolutionnaire ?* Université de Ouagadougou, Mémoire de Maîtrise sciences et techniques de l'information et de la communication, 1999.

[16] BADINI-FOLANE (D), *Femmes en politique au Burkina Faso de 1983 à 1977,* in Athanor n°9, Ravenna, longo Eiditore, décembre 1998, P.81.

[17] SALMON (J), *Dictionnaire de droit international public*, Bruxelles, Bruylant, 2001, pp 411-412.

[18] GAKUNZI (D), *"Oser inventer l'avenir" La parole de Sankara,* Pathfinder et L'Harmattan. *1991,* p.245.

[19] CEDEF : Le États parties s'engagent à 2"e) *Prendre toute mesures appropriées pour éliminer la discrimination pratiquée à l'égard des femmes par une personne, une organisation ou une entreprise quelconque ;"* ; 2 *"f) prendre toutes les mesures appropriées, y compris des dispositions législatives, pour modifier ou abroger toute loi,*

disposition règlementaire, coutume ou pratique qui constitue une discrimination à l'égard des femmes ;" et 5 a). Ibid. p.19.

[20] 14-25 juin 1993 ;

[21] 4-15 septembre 1995, Beijing/Chine

[22] E/CN.4/2002/83) *rapport sur les pratiques culturelles au sein de la famille qui constituent des formes de violences contre les femm*es.

[23] Pacte international relatif aux droits économiques, sociaux et culturels et le Pacte international relatif aux droits civils et politiques adoptés le 16 déc. 1966 à New York.

[24] A. A. W. OUANDAOGO, « *La protection des civils contes les violences sexuelles en période de conflit armé en Afrique* », thèse de doctorat en droit public, Université de Rouan Normandie, 12 décembre 2016, 466 p.

[25] Ministère de la Promotion de la Femme et du Genre, *Rapport National Beijing + 25,* Burkina Faso, 2019.

[26] https://www.ohchr.org/fr/women/gender-stereotyping

[27]*Cas de Vertido v. Philippines,* (CEDAW/C/46/D/18/2008 ; 16 juillet 2010)

[28] CESCR, Observations générales n°20, *la non-discrimination dans l'exercice des droits économiques, sociaux et culturelles (art.2 Par.2 PIDESC),* Genève, 02 juillet 2009.

[29] CESCR, Observations générales n°24, sur les obligations des États en vertu du *PIDESC dans le contexte des activités des entreprises,* Genève, 10 Aout 2017.

[30] Article 25 de la Charte des Nations Unies : « *Les membre de l'Organisation conviennent d'accepter et d'appliquer les décisions du Conseil de sécurité conformément à la présente Charte.* ».

[31] Résolutions 1820 (2008), 1888(2009), 1889 (2009), 1960 (2010), 2106 (2013), 2122 (2013), 2242 (2015), 2467 (2019).

[32] CIJ, Arrêt sur les réparations, *Affaire des activités armées sur le territoire du Congo* (RDC c. Ouganda), 09 février 2022.

[33] Forum des ONG des droits de l'homme du Zimbabwe contre Zimbabwe-245/02, mai 2006.

[34] CADHP, *Association pour le progrès et la défense des droits des femmes maliennes (APDF) et Institut pour les droits humains et le développement en Afrique (IHRDA) c. République du Mali,* Requête n°046/2018, Arrêt du 11 Mai 2018.

[35] CAEDBE, « *Observations finales et recommandations du Comité Africain d'Expert sur les Droits et le Bien-être de l'Enfant (CAEDBE) relative au rapport de la République démocratique populaire d'Algérie sur l'État de la mise en œuvre de la Charte Africaine des droits et du Bien-Être de l'enfant* », Union Africaine, Addis-Abeba, NP

[36] CEDEAO, « Stratégie Genre : Parlement de la CEDEAO 2010-2020 », NP

[37] Commission de la CEDEAO, « *L'Approche Commune de la CEDEAO sur la Migration* », 33ème Session ordinaire de la Conférence des Chefs d'État et de Gouvernement, Ouagadougou, 18 janvier 2008.

[38] CEDEAO, « *Protocole A/SP1/12/01 sur la Démocratie et la Bonne Gouvernance Additionnel au Protocole relatif au mécanisme de prévention, de gestion, de règlement des conflits, de maintien de la paix et de la sécurité*, Dakar, 21 décembre 2001.

[39] CJ CEDEAO, *affaire Dame Hadijatou Mani Koraou c/ la République du Niger*, Arrêt No. ECW/CCJ/JUD/06/08 du 27 octobre 2008.

[40] CJ CEDEAO, *affaire Dame Aminata Diantou DIANE c/ la République du Mali*, Arrêt No. ECW/CCJ/JUD/14/18 du 21 mai 2018.

[41] Article 1066. Les coutumes cessent d'avoir force de loi dans les matières régies par le présent code. Article 1067. Toutes les dispositions antérieures contraires au présent code sont abrogées et notamment : l'arrêté 4602 A.P. du 16 août 1950 réglementant l'état civil des personnes régies par les coutumes locales et les textes qui l'ont modifié ou complété.

[42] Le rapt, l'esclavage sexuel, les sévices et tortures sexuelles, les violences morales et psychologiques, le harcèlement sexuel, l'accusation de sorcellerie, le viol commis sur un partenaire sexuel, le bannissement de filles enceintes, la non-notification au conjoint de la reconnaissance d'un enfant adultérin, l'apologie des mutilations génitales féminines, etc.

[43] Articles 322-1 à 5 du code pénal

[44] Articles 142-148

[45] Enquêtes multisectorielles, *Profil de pauvreté et des inégalités selon le sexe du chef de ménage de 2003, 2014 et 2018*, Institut national de la statistique et de la démographie (INSD Burkina Faso).

[46] Art. 294 al. 1 « *La résidence de la famille est au lieu choisi d'un commun accord par les époux, ou, faute d'accord, au lieu choisi par le mari. Toutefois, si la résidence choisie par le mari présente pour la famille des dangers d'ordre physique ou moral, la femme peut être autorisée, pour elle et ses enfants, à avoir une résidence séparée fixée par le juge.* ».

[47] Centre de Développement, *Étude Pays SIGI-BURKINA FASO*, 2018, OCDE dev.

[48] Ex. Groupe de travail sur les violences faites aux femmes (RIAFEG), *Études de base du programme conjoint « violences à l'égard des femmes au Burkina Faso »*, sept.2008, pp.20-21 ;

[49] *Ibid.*

[50] OMS, Mars 2022 « *Lignes directrices sur les soins liés à l'avortement : Résumé d'orientation* »,

[51] INSD, « *Femmes et Hommes au Burkina Faso en 2018* », Burkina Faso, juin 2020.

[52] Ibid.

[53]Halim Benabdallah, « *LES VIOLENCES DE GENRE COMME FACTEUR DE DÉSCOLARISATION DES FILLES EN AFRIQUE SUBSAHARIENNE FRANCOPHONE.* », MINISTÈRE DES AFFAIRES ÉTRANGÈRES ET EUROPÉNNES (France), Septembre 2010.

[54] Observés uniquement dans quelques communes dont Ouagadougou et Tenkodogo.

[55] Sawadogo (S), "*Burkina Faso : Quelles avancées après la loi sur le quota en faveur des femmes aux élections ?*", Journal l'Économiste du Faso, 2017.

[56] Burkina24, Presse en ligne, 22 janv.2020.

[57] Groupe de travail sur les violences faites aux femmes (RIAFEG), *Étude de base du programme conjoint « Violences à l'égard des femmes au Burkina Faso »*, sept. 2008, P. 45 ;

[58] Le cas du viol conjugal en illustration.

[59] Ilboudo (M), "*féminisme au Burkina Faso : Mythes et Réalités*", Revue Recherches féministes, vol.20, n°2, 2007, P.174 ;

[60] GAKUNZI (D), *op. Cit.*, p. 230.

[61] Rapport n°2014-10-20-STER-013 (France) publié le 20 octobre 2014 « *Rapport relatif à la lutte contre les stéréotypes* » du Haut Conseil à l'Égalité entre les hommes et les femmes. Le sexisme angélique est une forme de sexisme qui consiste à attribuer aux femmes des qualités morales ou intellectuelles supérieures aux hommes, mais qui les enferme dans des rôles sociaux limités et infériorisant

[62] Bureau d'étude Femina, « *Recensement des stéréotypes positifs et négatifs sur la femme burkinabè* », Ministère de la promotion de la femme, s.d.

[63] Une langue parlée par certains groupes ethniques au Burkina Faso ;

[64] GAKUNZI (D), *op. Cit.* , p.240.

[65] Langue des Mosse.

[66] « Pag kaset la a pouga »

[67] « Paag la Yiiri » en Moore

[68] *"Zoug wogm la a ka so yir ye"*

[69] Langue Mooré

[70] Langue Dioula

[71] Toutefois le pays a déjà engagé le processus de relecture desdits manuels.

[72] Livre de lecture quatrième année, *"Karim et Aïssa"*, Institut pédagogique du Burkina (I.P.B),

[73] Bureau d'étude Femina, *Recensement de stéréotypes positifs et négatifs sur la femme burkinabè,* ministère de la promotion de la femme, pp. 5-15 ;

[74] A titre d'illustration, conseil d'une mère à sa fille, P.66-67, La sixième en français, Edicef ;

[75] Éric MACE, *"Mesurer les effets de l'ethnoracialisation dans les programmes de télévision : limites et apports de l'approche quantitative de la 'diversité'*, La découverte, 2009/5, n°157-158, p.242.

[76] Bureau d'étude Femina, *"Recensement des stéréotypes positifs et négatifs sur la femme burkinabè"*, Ministère de la promotion de la femme, s.d., p.18

[77] Rapport n°2014-10-20-STER-013 relatif à la lutte contre les stéréotypes, publié le 20 octobre 2014 par le Haut Conseil à l'égalité entre les hommes et les femmes (France), p.36.

47 Miller-Bernal, 1993.

[78] INSD, « *Femmes et Hommes au Burkina Faso en 2018* », Burkina Faso, juin 2020.

[79] MENA, *Résumé exécutif de l'analyse sexospécifique des écarts dans les apprentissages dans l'enseignement de base au Burkina Faso*, décembre 2017.

[80] ROTH (C), " *La séparation des sexes chez les Zara au Burkina Faso"*, Paris, L'Harmattan, 1996.

[81] Supra

[82] ROUAMBA (L) et DESCARRIES (F) *"Les femmes dans le pouvoir exécutif au Burkina Faso (1957-2009)",* recherches féministes, vol.23, n°1, 2010, P.34.

[83] Ibid. p.105.

[84] Gnoumou Thiombiano (B), *"Genre et prise de décision au sein du ménage au Burkina Faso",* cahiers québécois de démographie, vol.43, n°2, 2014, P. 272.

[85] MERTON, « selffulfilling prohecy », 1949.

[86] Concept mis en évidence par les Américains Claude STEELE et Josha AEONSON en 1995.

[87] Tajfel et Turner, 1986, NQF

[88] Ilboudo (M), *"Le féminisme au Burkina Faso : mythes et réalités",* recherches féministes, vol.20, n°2, 2007, P. 174.

[89] Enquêtes par grappe à indicateurs multiples.

[90] Ouanga (J-C), " Le statut de la femme mossi du Burkina Faso", Essai d'analyse psychanalytique et sociologique, 2011, p.34.

[91] Village de Justice *"Égalité hommes/femmes : combattre les stéréotypes pour un meilleur management."* 19 mars 2018.

[92] -Haut Conseil à l'Égalité entre les Femmes et les Hommes, « *Guide pour une communication publique sans stéréotype de sexe* », France, 2016 ;

-Assemblée parlementaire de la Francophonie, "*Guide pratique pour une communication politique sans stéréotype de genre*"

- Gouvernement du Québec "Boîte à outils Sans Stéréotypes"

-Guide enfant Burkina Faso

[93] La création d'unité spéciale de police et de gendarmerie pour le traitement des affaires relatives aux violences (Art.700-4 du code de procédure pénale) et l''institution au sein de chaque Tribunal de grande instance de chambre chargée de la répression des violences à l'égard des femmes et des filles (Art. 100 loi portant organisation judiciaire).

About the Author

Praticienne de Droit et experte reconnue en genre, l'autrice est une grande figure de la défense des droits humains au Burkina Faso.

Spécialisée dans la lutte contre les violences et les discriminations, elle allie une solide expertise juridique à un engagement militant profond. Elle consacre ses travaux et activités à la lutte contre les discriminations pour faire de l'égalité une réalité concrète.

Read more at https://www.linkedin.com/in/a%C3%AFcha-nikiema-experte-droits-humains-femmes-genre-vbg-dssr?utm_source=share&utm_campaign=share_via&utm_content=profile&u

About the Author

www.ingramcontent.com/pod-product-compliance
Lightning Source LLC
LaVergne TN
LVHW010050061026
849532LV00003BA/756

[114] F. Wenstop, "Deductive Verbal Models of Organizations", *Int. J. Man-Machine Studies*, 8:293-311, 1976.

This paper pursues the idea that complex systems might be modelled more significantly by using verbal procedures. The author shows how fuzzy sets can be used to make this concept operational and gives some details of a computer system that can be used to perform linguistic simulations.

[115] D. Willaeys, "Optimal Control of Fuzzy Systems", *Proc. Int. Congress on Applied Systems Research and Cybernetics*, Acapulco, December 1980.

This paper contains a mathematical discussion of the problem of obtaining an optimal controller design from a fuzzy description of the system.

[116] D. Willaeys, "Decision Making with Possibilistic Dynamic Systems", *Proc. 20th IEEE Conf. on Decision and Control*, San Diego, December 1981.

Another paper by the author in the same vein as the reference above. The analysis uses the concepts of decision function as introduced by Bellman and Zadeh.

[117] D. Willaeys, P. Mangin, N. Malvache, "Use of Fuzzy Sets for Systems Modelizing and Control: Application to the Speed Control of a Strongly Perturbed Motor", *Proc. 5th IFAC/IFIP Int. Conf. on Digital Computer Applications to Process Control*, The Hague, 1977.

A presentation of the experimental framework and results of applying the fuzzy controller paradigm to a laboratory scale motor system.

[118] D. Willaeys, N. Malvache, P. Hammad, "Utilization of Fuzzy Sets for System Modelling and Control", *Proc. 16th IEEE Conf. Decision and Control*, New Orleans, December, 1977.

The paper contains a brief review of techniques for building models of fuzzy systems for use in controller design. It also describes a new method for deriving a controller given such a model.

[119] D. Willaeys, N. Malvache, "Use of Fuzzy Model for Process Control", *Proc. IEEE Int. Conf. on Cybernetics and Society*, Tokyo, November, 1978.

Similar in content to the previous entry.

[120] S. Yasunobu, S. Miyamoto, H. Ihara, "Fuzzy Control for Automatic Train Operation System", *Proc. 4th IFAC/IFIP/IFORS Int. Congress on Control in Transportation Systems*, Baden-Baden, April 1983.

A good example of the use of fuzzy rule-based techniques to a real control problem. The controller developed by the authors appears to give better more robust performance than conventional controllers for the same problem.

[121] M. Yonekara, "The Application of Fuzzy Sets Theory to the Temperature of Box Annealing Furnaces Using Simulation Techniques", *Proc. 8th IFAC World Congress*, Tokyo, 1981.

[122] L.A. Zadeh, "Towards a Theory of Fuzzy Systems", In: *Aspects of Network and Systems Theory*, Kalman R.E. and DeClaris N. (eds), Holt, Rinehart, Winston, 1971.

A detailed description of a formalism for the analysis of fuzzy systems. The paper contains many ideas that have been employed by subsequent authors.

[123] L.A. Zadeh, "A Rationale for Fuzzy Control", *Trans. ASME.*, 94(Ser. G), J. Dynamic Sys., Measurement and Contr., 3-4, 1974.

A discussion of the "over-mathematization" of control theory and an outline of how fuzzy sets might be used to make complex real world control problems tractable.

[104] R.M. Tong, "The Evaluation of Fuzzy Models Derived from Experimental Data", *Fuzzy Sets and Systems*, 4:1-12, 1980.

A concise discussion of the modelling problem, focussing on some the practical issues of model construction.

[105] R.M. Tong, "Some Properties of Fuzzy Feedback Systems", *IEEE Trans. Systems, Man and Cybern.*, SMC-10(6):327-330, 1980.

A detailed analysis of fuzzy systems from a relational perspective. Gives some conditions for being able to derive the solution of various feedback systems.

[106] R.M. Tong, M.B. Beck, A. Latten, "Fuzzy Control of the Activated Sludge Wastewater Treatment Process", *Automatica*, 16(6):695-702, 1980.

A detailed example of the application of the fuzzy rule-based paradigm to a complex industrial process.

[107] Y. Tsukamoto, T. Takagi, M. Sugeno, "Fuzzification of L-Aleph-1 and its Application to Control", *Proc. IEEE Int. Conf. Cybernetics and Society*, Tokyo, November, 1978.

This paper proposes a fuzzy controller based on a fuzzy logic derived from Lukasiewicz's infinite-valued logic. The applicability of the proposed method is discussed by considering a two variable control system with a compensation for time delay.

[108] M. Tsukiyama, T. Fukuda, "An Application of Knowledge Base to Control Systems", *Proc. IEEE. Int. Conf. on Cybernetics and Society*, Atlanta, October 1981.

An interesting non-fuzzy rule-based approach to control. The research is motivated by the same philosophical background as the fuzzy controller work, but achieves its goals with control rules that are deterministic.

[109] I.B. Turksen, *Analysis of Fuzzy Logic Controller*, Tech. Report 78-012, Dept. Industrial Eng., Univ. Toronto, 1978.

[110] I.G. Umbers, P.J. King, "An Analysis of Human-Decision Making in Cement Kiln Control and the Implication for Automation", *Int. J. Man-Machine Studies*, 12(1):11-23, 1980.

This paper describes the investigation of the control skills of cement kiln operators with a view to modelling them by a fuzzy algorithm. The implementation of the prescriptive rules as a fuzzy controller is discussed.

[111] M. Uragami, M. Mizumoto, K. Tanaka, "Fuzzy robot Controls", *J. Cybernetics*, 6(1-2):39-64, 1976.

This paper considers the application of fuzzy programs to the control of an inchworm robot. In the execution of a fuzzy program, fuzzy instructions are translated into machine instructions by the use of the authors own max-method and backtracking. An example of the robot searching for a goal node in a graph is given to illustrate the techniques.

[112] P.P. Wang, M. Togai, "Fuzzy Sensitivity Analysis and Synthesis Technique", In: *Fuzzy Set and Possibility Theory*, Yager R.R. (ed), Pergammon Press, 1982.

A discussion of the problem of sensitivity in dynamic systems. The authors describe the use of fuzzy sets to model system parameters, transfer functions and outputs. The result is a more systematic technique which can solve some problems on which conventional methods fail.

[113] J.J. Weiss, M.L. Donnell, "A General Purpose Policy Capturing Device using Fuzzy Production Rules", In: *Advances in Fuzzy Set Theory and Applications*, Gupta M.M., Ragade R.K. and Yager R.R. (eds), North-Holland, 1979.

A canonical form for fuzzy control rule is described. A simple example of a temperature controller is discussed to illustrate the approach.

[95] M. Sugeno, T. Terano, " Analytical Representation of Fuzzy Systems", In: *Fuzzy Automata and Decision Processes*, Gupta M.M., Saridis G.N. and Gaines B.R. (eds), North Holland, 1977.

This paper contains an attempt to analyze deterministic systems with fuzzy disturbances. The approach is based on the use of fuzzy integrals and a simple example of the derivation of a fuzzy system is shown in the final part of the paper.

[96] T. Takagi, M. Sugeno, "Derivation of Fuzzy Control Rules from Human Operator's Control Actions", *Proc. IFAC Symp. on Fuzzy Information, Knowledge Representation and Decision Analysis*, Marseille, July 1983.

This paper considers the problems of deriving fuzzy control rules by observing and recording the actions of a human process operator. Several procedures are considered and the techniques illustrated by means of a wastewater treatment process example.

[97] R.M. Tong, "An Assessment of a Fuzzy Control Algorithm for a Nonlinear Multivariable System", In: *Discrete Systems and Fuzzy Reasoning*, Mamdani E.H. and Gaines B.R. (eds), Tech. Report EES-MMS-DSFR-76, Queen Mary College, London, January 1976.

A detailed description of results obtained with a controller for a well known two-input two-output system. The fuzzy controller developed compares favorably with more conventional designs and appears more robust with respect to parameter variations.

[98] R.M. Tong, *Some Problems with the Design and Implementation of Fuzzy Controllers.* Tech. Report CUED/F-CAMS/TR127, Cambridge Univ. Eng. Dept., 1976.

A discussion of some practical issues in controller design.

[99] R.M. Tong, "Analysis of Fuzzy Control Algorithms Using the Relation Matrix", *Int. J. Man-Machine Studies*, 8(6):679-686, 1976.

The beginnings of an attempt to develop an analysis procedure that views controllers as relation matrices.

[100] R.M. Tong, "A Control Engineering Review of Fuzzy Systems", *Automatica*, 13(6):559-569, 1977.

A detailed review of fuzzy control and fuzzy systems. Compares various approaches to design and offers some comments on open research questions and directions for future developments.

[101] R.M. Tong, "Analysis and Control of Fuzzy Systems Using Finite Discrete Relations", *Int. J. Control*, 27(3):431-440, 1978.

A discussion of the fuzzy control problem in the context of a finite discrete relations. Describes some definitions of stability and possible control problems formulations.

[102] R.M. Tong, "Synthesis of Fuzzy Models for Industrial Processes", *Int. J. General Systems*, 4:143-162, 1978.

An attempt to define the concept of a fuzzy model and how it might be constructed from data. Suggests some measures of model adequacy and presents some examples from real data.

[103] R.M. Tong, "The Construction and Evaluation of Fuzzy Models", In: *Advances in Fuzzy Set Theory and Applications*, Gupta M.M., Ragade R.K. and Yager R.R. (eds), North Holland, 1979.

Further discussion of the fuzzy modelling problem, together with some general considerations of performance measurement in fuzzy systems.